JN425136

염홍철의

# 생각 더하기

이화

Prologue

# 어정쩡한 지식인의 자기 고백

이 책에 실린 글은 이렇듯 처음부터 책을 내기 위해 작정하고 쓴 글은 아닙니다. 연재한 지 만 2년째, 횟수로는 500회쯤 되자 주변에서 해주신 '한 권으로 엮어 보는 것도 좋을 것 같다'라는 권고를 받아들여 이 책이 탄생하게 된 것입니다.

처음 〈중도일보〉에서 매일 한 편씩 '아침단상'을 써 달라는 제안을 받은 직후, 이 일이 훗날 저를 이리 속박(?)할 줄은 깊이 헤아려 보지도 않고 바로 수락했습니다. 왜냐하면 당시 저는 매일 아침 '아침단상'을 통해 대전 시민이나 전국에 계신 〈중도일보〉 독자들과 만난다는 설렘이 더 컸기 때문입니다. 또한 글이 비교적 짧은 분량이기 때문에 상대적으로 쓰는데 부담이 적을 것 같았고, 독자 입장에서도 읽기 편할 것 같았습니다.

뿐만 아니라, 독자들에게 전하고 싶은 저의 마음도 있었습니다. 그것은 저를 포함해 어떤 사람도, 어떤 정교한 이론도 완벽한 것은 없고 모두 양면성이 있습니다. 그러나 대다수의 사람들은 이 양면성을 인정하지 않고 자신의 생각을 관철시키고 싶어 하지요. 특히, 우리나라 사람들은 '다름'을 인정하는데 인색한 편입니다. 따라서 저만큼은 글을 통해 서로의 다름을 인정하고 한쪽으로 치우치지 않으려고 노력했습니다. 그러나 이제 와서 생각해보니 어쩌면 이런 말조차 또 다른 무소신의 오류를 범하고 있는 건 아닌지 염려가 됩니다.

혹시, 누군가 제게 '왜 당신이 이 글을 써야 했느냐'고 묻는다면 저의 답변은 이렇습니다. 저는, 인간은 나이 들면서 반드시 무언가 배우는 것이 있다고 믿었고, 그 경험에서 얻은 열린 눈으로 배터리의 양극을 연결시키고 싶었습니다. 늦은 나이에 책을 쓴 파커 파머처럼 '쇠퇴와 무기력이 아닌 발견과 참여'의 통로에 제 자신이 적극적으로 동참함으로써 나이 듦에 대한 세상의 선입견을 바꿔놓고 싶었습니다.

책 제목을 〈생각 더하기〉라고 한 것은 이 글은, 살면서 만나게 되는 여러 가지 일들에 저의 생각을 얹어 놓은 것이기에, 또 한걸음 더 나아가 다른 각도에서 생각해 보자는 뜻에서 붙여 봤습니다.

이 책을 읽게 될 미지의 독자와 만나는 것이 두렵고 설레면서도, 책을 쓴 저나 독자가 서로 공감하고 위로받는 따스한 만남의 장이 되었으면 하는 바람입니다.

어정쩡한 지식인의 자기 고백을 〈중도일보〉에 연재하도록 배려해주신 김원식 회장님을 비롯한 〈중도일보〉 가족과, 출판을 허락한 도서출판 이화 성정화 대표님께 감사드립니다.

2018년 가을

염홍철

생각더하기

## 2. 일과 사랑과 영혼



Contents

## 3. 사고의 틀을 바꿔라

## 4. 따뜻한 리더십

# 생각++ 더하기+

# 1

# 쉬어가는 삶, 소소한 행복

# 벙어리장갑

새벽 운동을 하는 나는 날씨가 추워지면 단단히 대비를 해야 하는데, 요즘은 등산복이나 야외 운동복의 보온성이 높아 크게 걱정하지는 않습니다. 그러나 손을 감쌀 수 있는 장갑은 필수인데, 요즘 벙어리장갑의 덕을 많이 봅니다.

어린 시절, 어머니는 겨울철마다 벙어리장갑을 짜주셨는데 철이 없었던 나는 어머니의 사랑으로 짜여 진 두루뭉술하고 뭉툭한 벙어리장갑이 별로 마뜩치 않았습니다. 다섯 손가락이 제 각기 뽐내는 장갑이 마냥 멋져 보였고 부잣집 형들이 끼는 가죽 장갑은 환상적이었지요.

그런데 겨울 새벽에 걷기를 하면서, 특히 연전 히말라야 트래킹을 할 때 더더욱 벙어리장갑의 위력을 실감했습니다. 다섯 손가락이 각자 추위를 견디는 것 보다는 엄지를 제외한 네 손가락이 온기를 나눌 수 있어 보온 면에서 효율적 이었던 것입니다. 적은 체온이나마 함께 나누며 어깨를 부벼대니 훈훈해질 수 밖에요.

인생도 마찬가지입니다. 화려해 보이지만 외로운 '나 홀로' 보다는 부족해 보이지만 서로 의지하고 기대면서 사는 것이 훨씬 의미 있는 삶이라는 생각을 벙어리장갑을 보면서 해봅니다.

# 소소한 행복, 작은 즐거움

연구에 의하면 로또에 당첨되거나 멋진 집을 지어 이사를 가거나 또는 고급 승용차를 구입했을 때, 그것이 주는 행복의 효과는 평균 3개월 내지 6개월이라고 합니다. 우리는 평생을 살면서 많은 일들을 해내지만 그 성취감으로 인해 더 행복해지는 것은 아닙니다.

톱스타는 팬들의 열광적인 환호를 받을 때 하늘을 나는 듯한 쾌감을 느끼지만 공연이 끝난 후 텅 빈 무대에 남겨지거나 집에 돌아와 혼자 있으면 우울하고 불안해진다고 합니다.

고위직에서 일을 한 사람들도 그 직을 그만두면 건강이 급격히 악화되거나 우울증에 빠지는 경우가 있는데, 이를 예방하기 위해서는 평소에 훈련이 필요합니다. 화려함만을 추구할 게 아니라 무언가를 배우면서 성취감을 느끼고, 소소한 일상에서 행복을 찾을 수 있다면 화려한 무대 뒤의 삶도 결코 우울하거나 불안하지 않을 것입니다.

배려와 감사의 마음으로 이해관계를 초월하여 서로 마음을 줄 수 있는 관계를 맺어간다면 행복한 삶이 되지 않을까요?

## 고독예찬

현대인은 여러 경로로 세련되게 교제하고 있지만 사실상 공동체 안에서 상호 신뢰를 갖지 못하고 오히려 고독을 느끼는 경우가 많습니다. 자의식이 지나쳐서 항상 긴장하고 스스로를 소외시켜 외로움을 느끼며 살지요. 고독과 외로움은 홀로 있다는 점에서는 같은 상태이지만 고독은 능동적으로 홀로 있는 것이고, 외로움은 타인으로부터 소외된 공허한 감정이라는 점에서 다릅니다.

고독은 얼마나 효과적으로 극복하고 활용하느냐에 따라 오히려 정신적인 힘이 될 수 있습니다. 고독은 나 혼자만의 시간, 외로운 시간이지만 마음의 굴레를 벗어 던지는 환골탈태의 과정이기도 하기 때문에 재생과 회복, 그리고 창조의 원천이 될 수도 있습니다.

작가 원세훈은 『고독의 힘』에서 "고독이란 거짓과 위선으로 가득 찬 관계에서 벗어나 자신만의 공간을 만들어 놓고 그곳으로 들어가는 일"이라고 했습니다. 마치 작가의 서재처럼, 화가의 화실처럼, 학생의 공부방처럼 자신만의 치열한 내면 공간을 만드는 것입니다.

나만의 고독한 공간 하나쯤 마련해 두는 것도 좋지 않을까요?

# 사랑에는 정답이 없다

사랑에는 신성함과 진부함이 함께 공존합니다.

소설가 알랭 드 보통은 '닥터 러브'로 통하는데, 그가 쓴 수많은 소설들은 사랑의 교과서라고 알려져 있습니다. 그래서 '그가 풀지 못할 지적, 감정적 문제란 없다'고 평가받을 정도입니다. 그러나 그의 사랑의 소설들을 읽어 봐도 사랑의 정답은 찾을 수 없습니다. 개인적인 생각과 의지, 성격과 성향, 환경과 인생의 계기에 따라 사랑의 모습이 달라지기 때문입니다.

사랑을 감각적인 욕망에 초점을 맞춘다면 시간이 지나고 상대를 더 많이 알수록 싫증이 날 뿐입니다. 그러나 토라짐과 권태, 그리고 질투를 거치면서 상대를 더 많이 이해하고 나면 어떤 깨달음이 생기지요. 이 깨달음이란 아픈 감정을 공유하는 것이기 때문에 다시 회복될 수 있습니다. 그래서 완전한 사랑도 없고 엉터리 사랑도 없습니다. 우리가 사랑한다고 믿는 그 사람은 모두가 조금씩 '잘못되어' 있기 때문입니다.

그래서 사랑은 상대방의 '허약함과 슬픔에 감응하는 것'이라고 하지 않았을까요?

# 영혼이 따라올 수 있게 쉬는 달

청춘의 여름은 갔지만 찬바람 부는 겨울이라기엔 이른 11월은 낙엽지는 소리가 들리는 '중년'에 가깝습니다.

나태주 시인이 '돌아가기엔 이미 너무 많이 와 버렸고 버리기엔 차마 아까운 시간'이라고 노래한 11월은 어찌 보면 우리에게 퍽 유용한 시간입니다. 채 식지 않은 땅의 열기를 식혀주고, 막바지 12월의 분주함에 대비하는 달이기도 합니다.

인디언들은 11월을 '영혼이 따라올 수 있게 쉬는 달'이라고 불렀습니다. 한 해를 마감하기 전 영혼이 육체와 보조를 맞출 수 있도록 배려를 하는 달이라는 뜻입니다.

조금씩 땅거미가 빨라지고 오래도록 집 밖에서 서성이고 싶은 11월, 한 템포 쉬면서 자신을 더욱 사랑하고 주변을 돌아보는 여유를 가져봅니다.

# 찢어진 청바지

인간이 만든 의상 중에 가장 훌륭한 것을 꼽자면 단연 청바지가 아닐까요? 청바지는 우선 입기 편하고 활동적이며 지위고하, 남녀노소를 불문하고 어울릴 뿐더러, 사계절 두루 입을 수 있고 '드레스 코드'가 제한되지 않는 곳이라면 어디라도 입고 갈 수 있어서 좋습니다.

최근 다시 찢어진 청바지가 유행하는데, 눈살을 찌푸리는 이들도 있지만 이 문화도 나름 의미가 있습니다. 찢어진 청바지는 1970년대 미국에서 히피문화의 영향을 받아 등장했는데, 그동안의 과속성장을 반성하고 겸손의 의미로 청바지를 찢고, 삶 속에 다양성을 포용하자는 뜻에서 유행되기 시작했다고 합니다.

기록에 의하면, 이런 복장의 일탈은 16세기로 거슬러 올라가 당시 천민이었던 스위스 용병들이 옷에 칼집을 낸 패션이 상류계층을 매혹시켜서 유행한 적도 있습니다.

청바지는 19세기 중반 미국에서 광부를 위해 튼튼한 작업바지를 설계한 데서 유래했습니다. 다른 것도 그렇듯이, 의상도 시대적 배경과 역사, 그리고 스토리가 있는데 그것을 알고 입으면 또 다른 새로움이 느껴집니다.

# 사랑, 지식 그리고 연민

98세까지 살다간 버트런드 러셀은 수학자, 철학자, 사회운동가로 알려져 있는데 노벨 문학상을 받은 문필가이기도 한 그는 40살 연하의 여인과 4번째 결혼을 했을 정도로 자유로운 삶을 살았습니다. 그는 〈인생은 뜨겁게〉라는 자서전에서 세 가지 열정이 자신의 인생을 지배해 왔다고 밝혔습니다.

그 첫째는 사랑에 대한 갈망입니다. 러셀은 단 몇 시간의 사랑의 희열을 얻기 위해서 남은 인생을 모두 바쳐도 좋으리라고 말할 정도로 정열적인 사람입니다.

둘째는 지식에 대한 탐구욕입니다. 러셀은 사람의 마음을 알아보고 싶었고, 하늘에 별이 왜 반짝이는지를 알아보고 싶었고, 그리스의 수학자 피타고라스를 이해하고자 지식을 얻고 싶었다고 말했습니다.

마지막으로 러셀은 굶주리는 아이들, 압제자에게 고통 받는 사람들, 의지할 데 없는 노인 등 고통을 겪는 인류에 대한 참기 힘든 연민이 있다고 했습니다.

사랑, 지식, 연민은 러셀 뿐만 아니라 우리 모두가 쏟아야 할 열정입니다. 그러나 아무리 사랑이 좋아도 겨우 몇 시간의 사랑을 위해 인생을 모두 바치지는 마시지요.

# 천천히, 그리고 천천히

알프스산 중턱 도로에 '천천히 가면서 즐겨보세요'라고 적힌 표지판이 있다고 합니다. 사람들이 얼마나 정신없이 지나가면 이런 표지판이 등장했을까요? 히말라야 등산로의 오두막(로지)을 지나다 보면 네팔 사람들이 한국말로 '천천히, 천천히'를 외칩니다. 아마 세계적으로 유명한 한국 사람들의 '빨리 빨리'를 염두에 두고 하는 말인 것 같습니다.

이제 '천천히'가 시대적 화두가 되었습니다. 히말라야 트레킹을 할 때 우리를 안내한 오지탐험가는 '첫째는 천천히 걸어라. 천천히 올라가면 고소증에 걸리지 않고 누구나 목표 지점에 도달할 수 있다. 둘째, 다 올라가서 쉬려하지 말고 쉬어가면서 올라가라. 셋째, 여러 사람이 산행을 할 때 앞 사람을 보지 말고 뒷사람을 보면서 걸어라' 라고 했습니다. 이는 등산요령을 넘어 인생철학으로도 훌륭하다고 생각합니다. 인생은 편도여행입니다. 빠른 속도로 가다보면 보지 못하는 게 많지만 천천히 걸으면 꽃과 새, 나무와 곤충을 관찰할 수 있고 바람소리도 들을 수 있습니다.

정상정복만을 목표로 하지 말고 천천히 걸으면서 인생의 풍경을 마음껏 즐겨보는 것도 좋지 않을까요?

## 죽음에 고마워해야

가끔 우리는 '잘 살아야, 잘 죽는다'는 제법 성자 같은 말을 합니다. 그러나 공자는 "내가 아직 삶을 모르는데 어떻게 죽음을 알겠느냐"고 했지요.

사실, 죽음은 두렵고 끔찍하고 무서운 일입니다. 그러나 인간은 누구나 죽습니다. 나아가 세상의 모든 것이 불확실하다고 해도 오직 죽음 하나만큼은 확실한 것입니다.

그렇다면 우리 모두 죽음을 두려워만 할 일이 아니라 오히려 적극적으로 죽음에 대한 올바른 태도를 만들어 나가야 합니다. 좀 극단적으로 얘기하면 삶을 구성하는 모든 것은 숙명적으로 죽음을 잉태하고 있고, 태어나서부터 죽음을 향해 달려가고 있습니다. 이렇게, 언젠가는 오고야 말 죽음을 생각한다는 것은 현재를 좀 더 명확하게 하고 진정한 삶의 의미를 성찰하는 시도일 것입니다.

한편 우리는 죽음에게 고마워해야 한다는 역설도 성립합니다. 왜냐하면 인생의 경계를 설정해 주었기 때문입니다. 만일 이러한 한계가 없다면, 시몬 드 보부아르가 얘기한 것처럼 오히려 삶의 일상이 무의미하고 낙이 없을 것입니다.

죽음은 삶을 가볍게 낭비하지 말라고 외치는, 삶을 소중하게 하라는 호소인 것입니다.

# 동트기 전이 가장 어둡다

2월엔 대부분의 대학에서 졸업식을 합니다. 당연히 사회에 나가는 젊은이들에게 미래에 대한 꿈과 희망을 이야기해야 하나 지금의 상황은 쉽게 그러한 메시지만을 주는 것이 주저되는 것이 사실입니다. 젊은이들은 수저계급론, 헬조선, 7포 세대라는 신조어를 만들어 현실에 대한 분노를 표출하고 있습니다. 그도 그럴 것이 대학을 다니면서도 공사 현장이나 공장 또는 커피숍에서 공정한 대우를 받지 못하면서 일하고, 또 취업의 문은 좁을 뿐만 아니라 젊은이들에게는 신뢰와 나눔의 공간도 사라졌습니다. 친밀성도 돈이 있어야 이뤄지는 거래의 대상이 되었습니다. 그래서 '노동보다는 연애가 더 피곤하다'고도 하고 '차라리 인공지능과 연애하는 것이 더 낫다'고도 표현할 정도입니다.

이렇듯 성과와 실적을 강조하는 '성과사회'의 과잉경쟁에 노출되어 사색적인 삶을 포기하고, '너나 잘 하세요'라는 냉소주의도 팽배해 있지요. 그러나 젊은이들에게 강조하고 싶습니다. '우리가 행복을 얻는다는 것은 고난과 좌절의 시험을 이겨내는 것'이라는 것을.

동트기 전이 가장 어둡다는 것을 알고 있다면, 두드리세요. 그러면 열릴 것입니다.

## 봄이 오는 까닭

'그리스 로마 신화'를 강의하는 김헌 교수는 신화를 인용해서 '봄이 오는 까닭'을 설명하고 있습니다. 대지의 여신인 데메테르는 자신의 사랑하는 딸이 악명 높은 '죽은 자들의 왕'인 하네스에 의해 납치된 데 대해 격분하여 꽃과 과일과 곡식을 재배하는 일을 중단하고 맙니다. 그러니 굶주림에 사람들은 죽어갔고 세상은 온통 황무지가 되었지요. 이러한 극단적인 상황에서 타협점이 나왔습니다.

데메테르는 1년 중 3분의 2는 자신의 딸과 함께 있으며 대지를 돌보는 일을 수행하고, 나머지 3분의 1만 하네스에게 보낸다는 것입니다.

가을이 깊어지면 자신의 딸은 죽은 자들의 혼백이 머무는 지하세계에 내려가고 데메테르만 홀로 남게 됩니다. 데메테르가 딸을 보내 우울해지면 겨울의 혹독한 추위가 오고, 3분의 1의 기간이 지나서야 딸이 자신의 곁에 오게 됩니다. 그제야 따뜻한 햇볕에 동토(凍土)가 녹고 세상에 푸른빛이 감도는 봄이 오는 것입니다. 대지의 여신 데메테르가 웃으니 따뜻한 봄이 온다는 것이 신화의 줄거리입니다.

이 땅에도 봄이 찾아오고 있습니다. 봄은 이렇게 인고의 세월을 거치면서 만들어지는 것이지요.

# 꿈은 가슴에 켜켜이 쌓이고 쌓였다

며칠 전 어느 방송에 출연했는데 앵커가 '어렸을 때 꿈이 무엇이었냐'는 질문을 하여 잠시 당황했습니다. 사실 저는 어렸을 때 꿈이 없었습니다. 시골에서 자라다보니까 시야가 좁아 자신을 객관화 시킬 줄 몰랐습니다. 어떤 직업이 좋고 나쁜지도 잘 분별을 못했고, 더더욱 인생의 의미와 가치가 무엇인지도 몰랐지요. 좋아하는 일이 무엇인지, 잘 할 수 있는 일이 무엇인지도 몰랐습니다. 그냥 '가슴'이 시키는 대로 하루하루를 보냈지요.

그런데 꿈을 잉태하는 한 가지 즐거운 일이 있었는데, 해질 무렵 논두렁이나 뚝방길을 걷는 것이었습니다. 노을이 지고 어둠이 깔리기 전에 어슴푸레 한 회색빛 세상이 너무도 좋았습니다. 길을 따라 가다보면 집집마다 굴뚝에서 연기가 모락모락 올라왔고 햇빛들은 줄지어 어디론가 가고 있는 그 신비스런 모습은 언어로 표현을 못했지만 가슴에는 켜켜이 쌓이고 쌓였습니다.

꿈이 없던 어린 시절 논두렁 위를 걷던 그 모습이 바로 지금의 제 꿈입니다. 어렸을 때는 오늘을 꿈꾸지 못했지만 지금은 어렸을 때 그 모습을 꿈꾸고 있는 것이지요. 무언가를 '도전하고 만들어 내는' 그런 꿈은 없었지만, 건강하게 살아있는 제 삶 자체가 꿈이 아니었을까요?

# 눈으로 하는 작별

룽잉타이(龍應台)*는 〈눈으로 하는 작별〉이라는 책에서 세상을 뜬 아버지와 치매에 걸린 어머니를 통해 인생을 깊이 성찰하고 있습니다. 그는 부모와의 관계를 '이 세상을 살아가는 동안 점차 멀어지는 서로의 뒷모습을 가만히 바라보며 이별하는 사이'라고 정의했습니다. 떠나는 부모의 뒷모습을 눈물 속에서 바라보노라면 '이제 따라올 필요 없어'라고 속삭이는 것만 같았다고 회고합니다.

그가 대학교수로 취임하던 날, 낡은 사료트럭으로 학교 부근 좁은 골목에 내려 주면서 '교수가 탈 만한 차는 아닌데 미안하구나'라던 자애롭던 아버지는 지금 휠체어에서 졸다 배설물을 흠뻑 흘리는 처지가 되었습니다. 부잣집 고명딸이었던 어머니는 딸의 얼굴을 뚫어지게 보다가 '그쪽은 내 딸을 닮았네요'라고 속삭이듯 말합니다. '엄마, 맞아요. 제가 엄마 딸이예요'라고 대답하면 깜짝 놀라 딸을 쳐다보며 기뻐하다가도 '누구세요?'를 반복하는 치매 엄마가 된 것입니다.

해가 서산으로 지고, 강물이 바다로 흘러가듯 우리 모두는 언젠가 세상에서 사라져 버리고 마는 존재들입니다.

---

* 대만의 초대 문화부장관

# 고슴도치와 여우

정치사상가 이사야 벌린의 〈고슴도치와 여우〉라는 책이 있는데, 이는 고대 그리스의 시인 아르킬로쿠스의 시라고 전해지는 '여우는 작은 것을 많이 알고 있지만 고슴도치는 큰 한 가지를 안다'에서 따왔다고 합니다.

여우는 기회, 사고, 이해상충 등 많은 것을 알고 있지만, 고슴도치는 가장 중요한 한 가지만 보고 그 방향으로 파고든다는 것이지요. 그래서 세상을 보는 방법에 따라 인간을 고슴도치형과 여우형으로 나누고 있습니다.

대표적으로 지미 카터는 가장 중요한 한 가지와 세세한 다른 일을 구별하지 못했다는 비난을 받고 있습니다. 그러나 클린턴은 선거 캠페인으로 "이 사람들아, 문제는 경제야"라는 하나의 구호를 부각시키면서 승리를 했다는 평가도 있습니다.

〈고슴도치와 여우〉에서 톨스토이의 일면을 독특한 방식으로 접근했는데, 결론적으로 그는 다양한 현상에 대한 뛰어난 통찰력을 타고난 여우일거라고 판단했습니다.

그러나 인간을 고슴도치와 여우라는 이분법으로 분류하는 것은 적절치 못합니다. 다양하고 세세한 문제를 알면서도 가장 중요하고 분명한 목표는 가지고 있는 조화가 필요하지요.

# 거미, 개미, 꿀벌

오래전에 본 영화 〈기쁨의 도시〉의 "나누어지지 않는 모든 것은 잃어버리는 것이다"라는 마지막 대사가 아직도 귀에 쟁쟁합니다.

하버드대 행복학 강의에서도 나눔의 중요성을 특별히 강조하는데, 나눔이 없으면 어떠한 감정이든 메마르게 되고, 재물도 결국 그 가치를 잃게 된다는 것이지요. 나눔을 성공과 기쁨의 기준으로 삼기도 합니다. 성공은 다른 사람과 나눌 때 비로소 그 의미를 갖고, 기쁨 또한 다른 사람과 공유할 때 오래도록 지속할 수 있습니다. 해양생물학자 레이첼 카슨은 "좋은 커피도 친구와 마셔야 향기롭고, 좋은 기회도 친구와 나눠야 기쁘다"라고 말했습니다.

거미는 '너는 죽고 나만 살자'는 정신으로 그물을 쳐 놓고 먹잇감을 기다리고, 개미는 남에게 피해를 주지 않고 열심히 일하지만 이웃과 나누지는 않습니다. 그러나 꿀벌은 봄부터 가을까지 달콤한 꿀을 사람들에게 날라다 주지요. 인간사회에도 거미 같은 잔인하고 음흉한 인간, 재산을 모으는 것 자체가 목적인 개미 같은 인간, 꿀벌같이 남에게 베풀고 기쁨을 주는 인간이 있습니다.

당신은 꿀벌인가요?

# 향기로운 땀

땀이 좋습니다. 땀을 흘리면서 일종의 쾌감을 느낍니다. 운동도 땀을 흘리기 위해 한다고 할 정도로 땀을 흘리는 것이 좋습니다. 땀을 흘리면 살 속에 있는 찌꺼기와 장(腸)안에 있는 노폐물이 빠져나온 것 같아서 상쾌합니다.

일에 있어서도 땀의 상징성이 있지요. 에디슨은 "천재는 1%의 영감과 99%의 땀으로 되는 것이다"라는 명언을 남겼고, 처칠도 "피와 눈물과 땀 이외에는 내가 국민에게 줄 것은 아무것도 없습니다"라는 유명한 연설을 한 바 있습니다.

현장에서 땀을 흘리는 근로자, 농부, 행상, 자원봉사자들의 모습은 너무 아름답고, 그들이 흘린 땀은 향기롭습니다.

오바마가 흑인으로서 최초로 미국 대통령에 당선된 날 "미국이 앞으로 더욱 더 빛나는 국가가 되도록 노력하는 것은 바로 우리의 부와 돈이 아니라 기회와 민주주의 그리고 땀이라는 것을 보여줄 것입니다"라고 말했습니다.

빛나는 내일은 부푼 환상이 아니라 땀 속에서 보석처럼 찾아옵니다.

그래서 땀이 향기롭습니다.

## 사랑예찬

'가슴 떨리게 하는 사람 있네 그건 축복,
사무치게 그리운 사람 있네 그건 감동,
보기만 해도 위안 받는 사람 있네 그건 행복'

어느 날 제가 쓴 시 구절입니다. 자연도 사람도 변화무쌍합니다. 특히 사람의 감정은 수만 가지 이유로 변하는데 사랑은 고도의 감정적 행위이기 때문에 변할 수밖에 없지요. 사랑에는 일편단심 민들레도 있고, 아무런 조건을 달지 않는 순수함도 있습니다. 엘리자베스 베렛 브라우닝의 시처럼 오직 사랑만을 위한 사랑도 있습니다. 또한 환상으로 가슴이 떨릴 수도 있고, 그리움에 사무칠 수 있으며 가식으로 위안을 받을 수도 있습니다.

떠나는 것도, 보내주는 것도 사랑이고, 기쁨과 슬픔도, 웃음과 눈물도 사랑입니다. 유행가 가사처럼 사랑은 '눈물의 씨앗'이요, 보일 듯이 보일 듯이 보이지 않는 '따오기'요, '미안합니다'라고 말하지 않는 냉철함일지 모릅니다.

그러나 환상과 집착과 가식일지라도 가슴 떨려보고, 그리워하며, 위안을 받는다면 충분한 사랑입니다.

변하니까 사랑이고, 착각하니까 행복합니다.

사랑은 판사의 판결문이 아니니까요.

# 세기를 넘어선 감동

빈센트 반 고흐의 그림은 명작입니다. 그러나 지독히 불행했던 그의 삶은 그 그림 만큼이나 유명합니다. 스스로 두 귀를 자른 광기의 화가, 거처할 곳이 없어 요양원에 들어 갈 수밖에 없는 가난뱅이, 37세에 자살로 생을 마감한 그는 고통과 고독의 대명사입니다.

고흐에게는 후원자이자 동반자인 테오라는 동생이 있었는데 고흐는 그에게 무려 668통의 편지를 보냈습니다.

〈반 고흐, 영혼의 편지〉는 '불행과 광기만으로는 설명할 수 없는 고흐의 영혼에 다가가도록 돕는 책'입니다.

강렬한 색과 선들이 이끌어가는 곳에는 그가 겪었던 불행과 우울은 존재하지 않고 다만 고뇌만 있었지요. 고흐 자신도 동생에게 보낸 편지에서 "정말 격렬하게 고뇌하고 있다고 말할 경지에 이르고 싶다"고 썼습니다.

고흐의 영혼은 부조리한 세상에 갇히지 않았고 '세상의 불완전함을 넘어서 별이 빛나는 밤하늘에 닿는 영원'을 꿈꿨습니다. 따라서 반 고흐의 영혼의 편지는 고통을 삶과 예술로 승화시킨 위대한 정신이었습니다.

불꽃처럼 살다간 그는 숨을 거두기 직전 '고통은 영원하다'는 유명한 말을 남겼습니다.

# 그 시절 그 추석

지금도 추석이 가까우면 약간의 설렘이 있지만 어릴 적에는 오래전부터 손가락을 꼽으며 기다렸지요. 추석은 먹을 것이 풍부해서 좋았습니다. 어린 시절에도 부자는 있었지만 시골에 사는 사람들은 대체로 가난하여 먹을 것이 귀했습니다.

그런 시절이었으니 떡도 먹고, 지짐이도 먹고, 고기국도 먹는 명절을 기다릴 수밖에 없었지요. 뿐만 아니라 추석빔으로 새 옷이나 양말, 신발을 선물 받을 수 있으니 이것도 추석이 기다려지는 큰 이유 중 하나였습니다.

또한 서울에 유학 간 옆집 대학생이 내려와 까까머리 아이들을 앉혀놓고 서울 얘기를 들려주면, 서울에 대한 무한한 상상을 하며 귀를 쫑긋 세우는 것도 좋았습니다.

그러나 역시 하이라이트는 오랜만에 만난 가족들이 둘러 앉아 얘기꽃을 피우는 것이었지요. 어른들의 얘기는 기분 좋은 내용만은 아니었고, 누가 누구를 비난하는 발언이 나오고, 집안 형편이 좋지 않은 것으로 보이는 친척은 눈물을 훌쩍일 때도 있었습니다.

그러나 좌중 어른이신 할아버지가 마지막에 결론을 내리시면 가시 돋친 말은 이내 사라지고 언제 그랬느냐는 듯이 웃음으로 마무리가 되었던 그 추석이 그립습니다.

# 풀잎이 하는 말

공원을 걷다 보면 바람에 흔들리는 작은 풀들을 보게 됩니다.

'바람 불고 키 낮은 풀들 파르르 떠는데
눈여겨보는 이 아무도 없다.'

김사인의 시구절을 떠올리며 가녀린 풀들을 한참 동안 바라봅니다. 갑자기 후회가 됩니다. 인생은 경주가 아니라 한걸음 한걸음을 음미하는 여행이라고 했는데, 다시 볼 수 없는 생명체들의 오묘한 신비를 지나치며 살았기 때문입니다.

작은 풀들과 이야기 할 줄 아는 사람, 그 풀들의 속삭임에 귀 기울일 줄 아는 사람은 세상 진리를 알게 되지 않을까요? 외롭게 떨고 있는 풀들을 보면서 인간의 모습을 보는 것 같아 겸손을 배우게 되지요. 모든 생명체에서 자신의 모습을 보게 될 때 비로소 인생을 이해할 수 있다는 어느 작가의 말을 떠올립니다.

어느 세계적인 현악기의 장인은 '삶은 순례'라고 했습니다. 아는 사람이 아니라 '찾는 사람'이 되는 것이 순례의 길이라고 했지요. 욕심을 버리고 자기를 희생한다면 앞으로 나아가는 속도는 더디겠지만 삶은 더 진실하고 아름답지 않을까요?

# 아름다운 울림

마틴 슐레스케는 독일의 바이올린 장인입니다. 그는 고지대에서 눈과 비바람을 이기고 단단하게 자란 가문비나무를 깎고 다듬고 색칠하며 바이올린을 만들기까지의 과정을 통해 인생을 성찰하며 삶의 방향을 제시하여 많은 사람에게 울림을 줍니다. 그는 가문비나무와 인생을 비교하지요. 나무는 마르고 죽은 가지는 스스로 떨쳐냅니다. 인생도 무엇을 취하고 무엇을 포기할지 끊임없이 선택하고 결정해야 합니다. 선택의 기준은 솔직함, 진정성, 자비 등이 중요 덕목입니다.

풍요로운 땅에서 나무는 기름지고 빠르게 자라지만 그런 나무로 만든 악기는 울림이 없고, 척박한 땅에서 역경을 이겨내고 자라는 나무가 울림이 있다고 했습니다. 척박한 환경에서 자란 나무는 저항력을 기르고 세포들이 진동하는 법을 배우기 때문입니다.

사람도 높아지고 부유한 마음을 가진 사람은 영(靈)의 음성을 듣지 못합니다. 마음이 부유해서 목마르지 않기 때문에 샘이 솟는 곳을 발견하지 못하는 것입니다. 슐레스케의 "삶을 가치 있게 하는 것은 우리가 보낸 세월의 양이 아니라, 얼마나 충만한 시간을 보냈느냐 하는 것이다"라는 메시지는 우리에게 지혜와 영감을 주고 있습니다.

# 조화로운 대립

'조화로운 대립'은 바이올린 장인인 슐레스케가 강조하는 개념으로, 친숙한 것과 낯선 것 사이의 조화를 말합니다. '상반되는 두 요소 중 하나를 배제하는 것이 아니라, 둘이 서로 긴장을 유지하며 존재할 때 조화가 이루어진다'는 것입니다. 그는 조화는 대립의 부재가 아니라, 대립하며 존재하는 '관계'라고 했습니다.

인간관계는 조화로운 대립, 또는 대립의 조화라고 말 할 수 있습니다. 대립만 있다면 아무것도 이룰 수 없고 완벽한 조화는 존재하지 않습니다. 헤겔도 미(美)의 근본 원리는 '대립하는 계기들의 조화'라고 했고 색채에도 차가운 색과 따뜻한 색, 밝음과 어둠 등 대립과 조화의 공존을 통해서 조형미를 만들어 냅니다. 짝수와 홀수, 직선과 곡선, 음과 양, 무한성과 유한성도 대립하면서 조화를 이루지요.

슐레스케는 매력적인 것은 모두 규칙적이고 정렬된 패턴과 낯설고 불확실한 패턴을 함께 지닌다고 했는데, 이런 상호작용이 모두에게 아름다움을 느끼게 하겠지요.

슐레스케는 익숙한 것을 선호하는 우리에게 "낯선 것을 피하는 태도는 연구하고, 발견하고, 소통하고, 만들고, 성장하고, 성숙한 가능성을 무너뜨린다"고 경고합니다.

## 어떻게 살 것인가

심리학자와 철학자들은 '어떻게 살 것인가'라는 인생의 근원적인 질문에 대한 대답을 시도합니다. 철학자 김상근 교수는 우리의 삶을 '나 자신에게 진실 된 삶', '이웃과 더불어 사는 도덕적인 삶', '아름다움을 추구하는 멋진 삶'으로 요약했습니다. 심리학자 최인철 교수는 심리학자들의 연구를 바탕으로 '신나게 살기', '의미 있게 살기', '몰두하며 살기'를 제시하기도 했지요.

하나하나 의미는 있는 말이지만 좀 추상적인 개념입니다. 이 모든 것을 포괄하는 것은 '상식적으로 사는 삶'이 아닐까요? 모든 사람이 공감하는 것이 상식입니다. 대화를 나눌 때나, 업무를 할 때, 어떤 결정을 할 때 상대나 구성원이 공감하고 납득하는 언행을 한다면 그것이 잘 사는 삶이며, 거기에는 철학자들이 강조하는 윤리적 가치가 내재해 있습니다. 그리고 모든 사람은 각자 개성이 있기 때문에 자신이 '잘 하는 일'이나, '좋아하는 일'을 하게 되면 신나서 거기에 몰두할 수 있을 것입니다.

진실, 도덕 그리고 아름다움이라는 가치는 완벽하게 도달할 수는 없지만 그에 도달하려고 노력하는 것에 의미가 있습니다. 이것이 철학자들이 말하는 인문학적 삶일 것입니다.

## 피카소 효과

하버드대학에 행복학의 권위자 탈 벤 샤하르 교수가 있다면 우리나라에는 연세대 서은국 교수가 있습니다.

서은국 교수는 많은 글을 통해 이른바 '시각혁명'이라고 알려진 '피카소 효과'를 종래와는 다른 개념으로 소개합니다. 피카소는 5만여 점의 다양한 미술작품을 남겼는데 어느 순간 갑자기 예술적 창작력이 폭발되곤 했답니다. 그 시기는 그에게 새로운 여인이 등장하는 시점과 일치했는데, 이를 두고 심리학자들은 피카소를 비롯한 예술가들의 창의적인 노력의 본질적 의미는 상당부분은 '짝짓기'를 위함이었다고 설명합니다.

창의성과 로맨스의 궁합을 밝혀낸 심리학자들의 주장에 공감하면서도 뭔지 씁쓸한 느낌이 듭니다. 정설은 없지만 많은 뇌연구가들은 사랑의 유효기간은 3개월에 불과하고 길어야 3년이라고 합니다. 시간이 지나면 페닐에티라민이라는 뇌호르몬에 내성이 생겨서 흥미를 잃게 된다는 것입니다. 그래서 예술가들은 파트너를 자주 바꾸는지도 모르겠습니다.

프랑스 교육부장관을 지낸 뤽 페리 교수는 이를 극복하고 연애초기의 '눈부신 약속'을 배신하지 않기 위해서는 지성과 이성의 도움으로 연애감정을 '행동하는 사랑'으로 바꾸라고 권고합니다.

# 마음의 저울

다산 정약용은 아들에게 보낸 편지에 이런 말을 했습니다.

'세상에는 두 가지 큰 저울이 있는데 하나는 옳은 것과 그른 것이라는 '시비(是非)의 저울'이고, 다른 하나는 이익과 손해라는 '이해(利害)의 저울'이다. 이 두 개의 저울에서 네 가지 등급이 생겨나는데 최상위 것은 옳은 것을 지키면서 이익도 얻고, 다음은 옳은 것을 지키다가 손해를 입고, 그 다음은 그릇된 것을 추구하면서 이익을 얻고, 최하는 그릇된 것을 추구하다 해를 입는다는 것이다.'

그런데 많은 사람들은 옳은 것을 지키면서 손해를 입는 것과 그릇된 것을 추구하다 이익을 얻는 것 사이에서 갈등을 합니다. 이성적으로는 전자가 맞다고 생각은 하나 본능적으로 후자를 선택하는 경우가 많습니다. 욕심을 내려놓고 절대 그릇된 것만은 추구하지는 않겠다는 확실한 신념이 있어야 합니다. 명분도 얻고 실리도 얻는다면 최선이겠지만 그런 경우는 매우 드물지요. 우리가 진정한 마음으로 하는 봉사와 배려로 얻는 기쁨과 보람은 내려놓은 욕심에서 비롯된 복잡한 '마음의 저울'의 균형을 맞춰주지요.

'헬퍼스 하이'를 기억합시다.

# 죽음을 기억하라

2000년 〈뉴욕타임즈〉는 '지난 1000년간 가장 위대한 지도자 1위'로 영국 여왕 엘리자베스 1세를 선정하였고, 2002년 영국 BBC 방송은 '가장 위대한 영국인'으로 또한 여왕 엘리자베스 1세를 선정하였습니다.

25세의 나이로 왕위에 올라 45년간 통치했고, 많은 영광을 얻었지만 그의 마지막 말은 "내가 가진 모든 것은 아주 짧은 한 순간을 위한 것이었어"였습니다. 죽음 앞에서는 그도 한없이 약하고, 생의 허무함을 느꼈던 것 같습니다.

〈전쟁과 평화〉, 〈안나 카레리나〉 등 불후의 명작을 발표한 바 있는 세계적인 문호 톨스토이는 귀족 출신이고 자신도 백작이었습니다. 그는 항상 겸손한 삶을 살았으며 하층민의 생활을 경험하기도 했는데, 그의 죽음 또한 너무도 초라했습니다. 시골의 어느 간이역장의 오두막집에서 숨을 거두었는데 그가 남긴 마지막 말은 "그래, 이것이 끝이로구나. 상관없다. 별것도 아니로구먼…" 이었습니다.

이 세상에는 자신이 누리는 부와 권력이 천년만년 갈 것이라고 착각하는 사람들이 많이 있습니다. 그러나 위대한 두 사람의 생을 통하여 얻을 수 있는 교훈은 '죽음을 기억하라(메멘토 모리)' 입니다.

## 아름다운 길에 직선은 없다

우리는 흐르는 물에서 많은 깨달음을 얻을 수 있습니다. 물은 흐르다가 바위를 만나면 돌아서 갑니다. 절대로 무리하게 돌파하려하지 않습니다. 얕은 물은 가끔 경거망동도 하지만 깊은 물은 소리 없이 흐릅니다. 뿐만 아니라 물은 절대로 순리를 역행하지 않지요. 높은 곳에서 낮은 곳으로 흐르는 것은 자연의 이치이기도 합니다.

그러나 많은 사람들은 가장 짧은 거리인 '직선'으로 질러가기를 원합니다. 무엇을 하려고 그렇게 빨리 가려고 하는지요.

박노해 시인은 '강물도 직선은 재앙'이라고 했습니다. 강물은 굽이굽이 돌아가기에 깊고 멀리 갈 수 있다고 했습니다. 그리고 "깊이 있는 생각, 깊이 있는 마음, 아름다운 것들은 다 유장하게 돌아가는 길"이라고 했습니다. 그래서 하버드대 행복학 교과서의 제목도 〈느리게 더 느리게〉라고 했던가요?

조한혜정 연세대 교수는 지금은 아무것도 하지 못하는 시기가 아니라 '고치를 쳐야 하는 전환기'라고 했습니다. 그래서 우리에게 필요한 것은 느린 시간, 멈춰있는 장소, 느슨하지만 지속적인 관계를 맺는 것입니다. 바로 이 학자가 힘주어 말하는 '고치를 칠 시간과 장소'를 확보하는 것입니다.

# 인간의 숭고한 마음

입추가 지나니 무더위도 꺾일 수밖에 없겠지요. 무더위를 마음속으로 식히기 위해 불교에서 강조하는 '인간 마음의 가장 숭고한 상태' 네 가지를 음미해 보겠습니다. 하버드대 고전문헌학 박사인 서울대 종교학과 배철현 교수는 한자를 통하여 네 가지 마음을 잘 해설하고 있습니다.

첫 번째 마음은 '자(慈)'인데, '참된 사랑의 초점은 자신이 아니라 상대방'이라는 것입니다. 상대방이 무엇을 원하고 필요로 하는지를 살펴야 상대방에게 행복을 줄 수 있다는 것이지요.

두 번째 마음은 '비(悲)'입니다. '상대방의 슬픔에 동참'할 뿐만 아니라 '상대방에게 불행한 일이 일어나지 않도록 배려'하는 것을 말합니다.

세 번째 마음은 '희(喜)'입니다. 상대방이 행복할 때 함께 기뻐해 줄 수 있는 자세를 말하지요.

네 번째 마음은 '사(捨)'입니다. 이것은 마음에 '집착이 없고 평온한 상태'를 말하는데, 고생 끝에 산 정상에 올라 산 아래를 굽어 볼 때 느끼는 그런 감정입니다. '상대방에게 완전한 자유'를 주는 마음이기도 하지요.

위 네 가지 모두가 상대방을 배려하는 '역지사지(易地思之)'의 자세입니다. 아무리 더워도 이러한 '숭고한 마음'을 가지면 피서가 되지 않을까요?

## 정말 노여움은 달콤한가?

최근에 믿었던 사람에게 '노여움'을 느낀 적이 있습니다. 그 분노를 삭이기 위해 관련된 책들을 읽는 중에, '노여움이 달콤한 까닭?'이라는 서울대 김헌 교수의 글을 발견하였습니다. 다소 의아한 제목이었습니다. 스피노자에 의하면 노여움은 '타인에게 해악을 끼친 어떤 사람에 대한 미움'이라고 되어 있는데 그것이 달콤하다는 것은 쉽게 이해를 할 수 없지요.

그러나 김헌 교수는 아리스토텔레스의 흥미 있는 해석을 인용했습니다. 아리스토텔레스는 '노여움'은 "누군가에게 무시를 당하거나 이유 없이 무례한 짓을 당했을 때 생기는 것인데, 이럴 때 앙갚음을 하겠다는 욕망이 생기며 거기에서 모종의 기쁨이 따라온다는 것"입니다. 그러니까 "무시당했다고 모두 노여움이 생기는 것이 아니라 상대에 대한 응징을 상상할 때 고통을 넘어 '달콤함'을 느낀다'는 것이지요.

어느 인터뷰에서 한 김헌 교수의 말처럼 인문학은 '보이지 않는 미래를 그리는 것'이라는 관점에서 본다면 이해할 수도 있으나 노여움은 '응징'의 '달콤함'이 아니라 스스로 조절하는 것이 현명한 대응이지요. 노여움은 사랑하는 사람이나 유대감이 있는 사람에게만 가질 수 있는 감정이기 때문에 더욱 그렇습니다.

## 지혜로운 사람

누구나 10년 정도 같은 분야에서 일을 하면 그 분야에서 어느 정도 일가를 이룰 수 있습니다. '1만 시간의 법칙'이란 말도 있지요. 그렇게 되면 주변으로부터 '잘 한다'는 칭찬을 받을 수도 있습니다. 그러면 거기에 자만하고 스스로를 과신하여 다른 분야까지 잘 아는 것으로 착각하는 사람이 많이 있습니다.

일찍이 소크라테스는 '지혜로운 사람'은 '자신의 지혜가 사실은 아무런 가치도 없음을 깨닫는 자'라고 했습니다. 반대로 '모르는 것을 모른다고 하지 않고 오히려 아주 잘 알고 있다고 믿는 사람'은 지혜롭지 못할 뿐만 아니라 교만한 사람이 되는 것이지요. 그리고 자신이 확고하게 믿는 지식일지라도 거대한 세상의 틀에서 보면 별로 중요하지 않을 수 있고, 다른 사람이 이미 알고 실천한 업적에 비해서는 초라할 수밖에 없음을 인식해야 합니다.

뿐만 아니라 '지혜로운 사람'은 앎과 실천이 일치하고 올바른 일을 행하는 사람이기도 합니다. 동서양의 고전을 많이 해설한 공병호 박사는 지혜는 많이 안다고 쌓이는 것이 아니라 오히려 '겸손과 정진'하게 된다고 했습니다.

'알면 알수록, 행하면 행할수록 자신이 부족하다'고 깨우치는 사람이 지혜로운 사람입니다.

# 몸으로 생각하기

'인문학자들로부터 세계를 재창조하는데 필요한 놀라운 통찰'이라고 극찬을 받은 루트번스타인 부부의 〈생각의 탄생〉은 국내외적으로 많이 알려진 명저입니다. 이 책에는 우리가 의식하지 못하는 '13가지 생각도구'를 상세하게 설명하고 있는데 그중에서 나는 '몸으로 생각하기'에 특별한 관심이 있습니다.

우리는 대부분 자각하지 않은 상태에서 몸의 느낌을 알게 된다는 전제 아래, 많은 예술가나 과학자들이 몸을 통하여 생각의 회로를 만들어 낸다는 것입니다. 피아니스트들은 손가락의 근육이 음표를 기억하고, 배우들은 몸의 근육 속에 자세와 몸짓을 저장하고, 무용가들은 몸의 움직임이 곧 생각이라고 인식하고 있으며, 음악가들도 근육적인 느낌이나 육체적인 감각, 손기술 등이 과학적 사고의 역할을 한다고 인정하고 있습니다.

뿐만 아니라 로댕의 유명한 조각 작품 〈생각하는 사람〉이나 장애 덕분에 몸의 언어와 경쟁관계에 있는 시각적, 청각적 정보의 방해를 받지 않았던 헬렌 켈러의 기적 등은 '몸으로 생각하기'의 대표적인 사례들입니다.

우리는 근육의 실핏줄 마디마디에 그 어떤 생각의 돌기들이 들어 있다는 사실을 알아야 합니다. 몸에 답이 있다는 근거가 바로 여기에 있는 것입니다.

# 바른 생각은 속도를 줄이는데서

심리학자로서는 최초로 노벨 경제학상을 수상한 대니얼 캐너먼은 사람의 대화와 판단, 그리고 행동에 절대적 영향을 미치는 우리의 생각에서 느림의 필요성과 중요성을 강조하고 있습니다. 사람의 생각은 직관에 의존하는 빠른 생각과, 그보다 이성적인 느린 생각으로 나뉘는데, 빠른 생각은 직관적인 편향으로 인해 착시를 경험하고, 착각이나 오류에 빠지게 되며, 크고 작은 잘못된 판단과 행동을 하게 된다는 것입니다. 이를 근거로 캐너먼은 합리적인 생각과 행동을 원한다면 속도를 줄이라고 권고했습니다.

일단 걷기를 해 보십시오. 미국의 작가 소로우는 '하루를 행복하게 시작하고 싶으면 걸으라' 했고, 철학자 니체는 '진정 위대한 모든 생각은 걷기에서 나왔다'는 말을 남겼으며, 만유인력의 법칙도 산책 중에 발견됐습니다. 실제로 바쁜 일상에서 잠시 벗어나 걷다보면 자기 성찰의 시간을 가질 수 있을 뿐만 아니라 정신이 맑아지고 몸에 활력이 생깁니다.

다음으로 독서입니다. 현대인들은 저마다 바쁜 하루하루를 보내기 때문에 책을 읽기가 쉽지 않지만 그럴 때일수록 독서를 통해 삶의 속도를 늦추고, 그 속에서 얻어지는 재미와 지식을 얻어야 '내면의 뜰'을 풍성하게 가꿀 수 있습니다.

## '잘 사는' 어느 지성인

어느 추운 겨울 날 아주 겸손하면서도 실력과 추진력을 겸비한 사람이 임기 중간에 직장을 잃고 괴로워하는 것을 보고 마음이 아팠습니다. 그 당시, 아직도 우리 사회는 이런 사람들의 명예와 자존심, 그리고 최소한의 권리를 지켜 줄 정도로 성숙하지 못했던 것은 아닌지 하는 자괴감이 들었습니다.

자신의 처지가 초라해졌다고 말하는 그의 눈가에 맺힌 이슬이 불빛에 불규칙하게 반사되어 내 마음을 더욱 혼란스럽게 만들었습니다. 그러면서도 그는 원망의 말은 하지 않았습니다. 아리스토텔레스도 자신이 무시당했을 때는 보복의 욕구가 생기고, '보복을 한다는 결심이 서면 모종의 기쁨이 따라온다'고 말했는데, 그의 인품은 그것을 초월하고 있었습니다.

사필귀정이라 했던가. 참고 기다린 그가 마침내 자신이 쫓겨난 직장과 같은 업종, 비슷한 규모의 기관으로 초빙이 되었습니다. 2년 동안 쉬면서 경제적 어려움도 겪었겠지만 많이 외로웠을 그를 위로한답시고 때때로 식사라도 같이 하면 더 차분하고 안정된 모습을 보여주면서 끝없이 읽고 쓰고 있다는 자신의 일상을 들려주던 그였습니다.

항상 내면에 집중하며 숨은 가치를 찾아내는 그는 '잘 사는' 지성인으로 보입니다.

# 역사란 무엇인가

역사는 선택된 내용만 보여줍니다. 즉, 수 많은 역사적 사실 가운데 일부를, 그것을 보존해야 하는 결정권을 가진 사람들이 선택하는 것이지요. 역사는 이렇게 선택되어진 일부의 내용과 그것의 해석으로 채워졌기 때문에 과거에 일어났던 사실 모두를 포괄한다고 말할 수 없습니다. 대체로 역사적 기록은 사실이겠지만, 왜곡하고 부각시킨 것도 적지 않습니다. 누구의 말대로 역사는 사실과 조작 사이를 맴도는 것입니다.

〈역사란 무엇인가〉라는 고전을 남긴 E. H. Carr 역시 역사상의 사실은 순수한 형식으로 존재하지 않으며, 또 존재할 수 없는 것이므로 결코 '순수'하게 우리 앞에 나타나는 것이 아니라고 하였습니다.

본래 역사(historia)는, '직접 보고 들은 것을 사실 그대로 기록한다'는 뜻이지만 역사의 진실성은 항상 의심을 받아왔습니다. 그러나 역사가 비록 미진하더라도 미래의 진보가능성에 대한 신념을 포기해서는 안됩니다. 왜냐하면 오늘의 진보 또한 작지만 소중한 어제의 희망에서 발아했기 때문입니다.

## 진정한 멘토를 찾아라

아이작 뉴턴은 "내가 남들보다 좀 멀리 봤다면 그건 거인들의 어깨위에 서 있었기 때문이다"라고 말했습니다.

자신의 능력이나 의지도 중요하지만 자신이 걷고 있는 길을 먼저 걸었던 사람의 어깨 위에 올라서야 비로소 길이 보일 것입니다. 그래서 우리는 크고 작은 일상에서 멘토와 멘티의 관계가 필요합니다.

뿐만 아니라 바람직한 멘토링은 이익이나 거래요령을 넘어 인생의 중요한 가치를 나눌 수 있어야 합니다. 그런데 진정한 멘토는 완벽하게 알려주고 손에 무엇을 쥐어줘야 하는 것이 아니라 스스로 찾아내도록 촉매나 기폭제가 되어야 하지요.

인생의 최고 스승으로 알려진 하워드 스티븐슨 교수는 하버드 경영대학원 교수직에서 물러나면서 다음과 같은 연설을 하였습니다.

"나에게 내놓을 것이 있는 한, 나는 그것을 마땅히 내놓아야 합니다. 그리고 내가 새로운 경험을 받아들이고 새로운 도전과 마주할 수 있는 한, 나는 유사한 길을 더 멀리 걸어간 사람으로부터 도움을 받을 수 있을 것입니다."

사실, 자신의 삶은 물론이지만 다른 사람의 보람 있는 삶을 위해 마음과 정성을 다하는 것은 가장 아름다운 일이 아닐는지요.

# 네트워크와 인간관계

행복에 있어서 가장 중요한 것은 '좋은 인간관계'라고 생각합니다. 또한 인간관계는 다른 형태의 자본이라고도 말할 수 있습니다.

남녀노소, 시·공간을 불문하고 많은 사람들이 스마트폰을 들여다보고 있지요. 대부분 누구와의 대화를 통해 인간관계를 확대하기 위함일 것입니다. 사람들마다 휴대전화에 수백 명의 전화번호를 입력해 놓고 있는가 하면, 페이스북이나 카톡을 통해 수많은 '친구'들을 확보하고 있습니다. 그래서 자신은 많은 사람들과 네트워킹이 잘 되어 있다고 생각을 하는데 이것은 착각일 수 있습니다. 일반적으로 네트워킹과 인간관계를 혼동하고 있으며, 약간의 '친분'을 가진 것과 '친구'를 혼동하기도 합니다.

네트워크는 정보를 공유하는 것이라면, 인간관계는 정서적인 연결을 뜻합니다. 잠깐씩 교류하는 단순한 네트워크는 진심을 나누기에는 충분하지 못합니다.

인생을 살아가면서 삶의 기폭제 역할을 해 줄 수 있는 관계를 원한다면 온라인상의 관계로는 한계가 있다는 것을 알아야 합니다. 따라서 자신의 주소록이나 페이스북의 친구들 가운데 자신을 위해 구덩이라도 뛰어들 수 있는 사람이 과연 몇이나 되는지 자문해 볼 필요가 있습니다.

## 삶의 가벼움과 무거움

밀란 쿤데라의 소설 〈참을 수 없는 존재의 가벼움〉은 범상치 않은 그 제목 때문에 읽기 시작했습니다. 일반적으로 존재는 '좋은 것'이라고 생각했는데 그것의 '가벼움'이라는 것이 쉽게 이해되지 않았습니다.

그러나 작가는 존재의 가벼움과 무거움이 있고, 사랑의 자유와 구속도 있으며, 육체와 영혼이 있다고 하면서 이렇게 상반된 것 중 한쪽으로 치우치지 않으려는 부단한 노력을 강조했습니다.

모든 현상에는 양면성이 있다는 평소의 나의 생각과 부합했습니다. 즉, 주인공들을 통해서 누구는 사랑을 단지 무수한 인연들에 의해 발생하는 가벼운 것이고, 누구는 사랑을 필연적인 자신의 운명이라고 말해주고 있었습니다.

작가는 이렇게 양분된 것들을 하나로 연결시키기도 하고 반대되는 하나의 조각들을 다시 온전한 하나로 만들어내기도 했습니다. 그러면서 주인공들은 생을 통하여 무거움과 가벼움 사이에서 고민해야 했고, 결국 가벼움으로 그 생을 맺는 것으로 처리했습니다. 그러면서도 생의 매 순간이 무한히 반복되는 무거움도 짐으로 생각하지 않고 그 안에서 행복을 찾아 나갔습니다.

작가는 이 소설을 통해 참을 수 없는 삶의 무거움과 가벼움을 오가는 현대인의 슬픈 자화상을 그러내려던 것이 아닐까요.

# 인간이란 무엇인가

오늘은 첫 강의 날입니다. 주제가 '인생의 답을 찾다'이기 때문에 새 학기가 되면 늘 그렇듯 '인생' 또는 '인간'에 대한 성찰과 깊은 고민에 빠지게 되지요.

인간은 어떤 존재인가요? 당연히 '나'는 세상에 하나 밖에 없는 유일한 존재이기 때문에 인간은 소중하지요. 그래서 셰익스피어도 〈햄릿〉에서 "인간은 과연 대단한 작품이로다!" 라는 송시를 썼지요. 신비롭고, 숭고하고, 무한하다고도 했습니다. 또한 도스토옙스키는 인간이라는 신비를 풀 수만 있다면 시간이 전혀 아깝지 않을 것이라고도 했습니다.

그러나 인간의 삶의 심연을 들여다보면 마냥 감동적인 것만은 아닙니다. 우리는 자주 음모와 모략, 뒷골목의 음울한 풍경을 만나게 됩니다. 뿐만 아니라 고뇌와 아픔이 있고 고통을 받고 수모당하는 사람들을 많이 볼 수 있습니다.

문화와 예술은 인간의 '존엄한 삶의 가능성'을 넓혀주는 것은 사실이지만 과학은 악이 무엇인지, 행복이 무엇인지를 모르기 때문에 인간을 만족시키지 못합니다.

그래서 도스토옙스키를 연구한 오종우 교수는 〈인간이 무엇인가〉라는 책의 마지막 줄에 "산다는 건 한 점의 그림을 그리는 일과 같고, 한 곡의 노래를 부르는 일과 같다"는 의미심장한 말을 한 것인지도 모르겠습니다.

## 원도심을 예술촌으로

대전 원도심에 속속들이 원룸촌이 들어서 마음이 아픕니다. 그런데 원룸 숲 한 가운데 흑과 백색으로만 되어 있는 세련된 일층의 자그마한 건물 세 채가 나란히 자리 잡고 있습니다.

한 채는 청소년들을 위한 상담 공간이고 다른 한 채는 커피와 브런치를 먹을 수 있는 예쁜 카페이며 나머지 한 채는 전시 공간입니다. 집주인은 오래된 고가 세 채를 사들여 원형을 보존하면서 리모델링을 하였습니다. 규모는 크지 않으나 아이들에게 체험거리를 제공하고 어른들도 반나절은 즐길 수 있는 고즈넉한 공간입니다.

경제적으로 본다면 원룸이나 상가로 개발해야 유리하나 그것을 포기하고 하나의 '작품'을 만들어 많은 사람들에게 볼거리를 제공해주는 것입니다. 마치 일본 나오시마(直島) 혼무라(本村) 골목의 축소판 같았습니다. 대다수의 일반인들은 나오시마를 예술섬으로 만든 건축가 안도 다다오를 극찬하면서도 그것을 따라하지는 못하고, 삭막한 성냥갑 같은 빌딩을 양산해내는 것이지요.

나오시마 혼무라 지역의 '이에(家) 프로젝트'도 7개의 낡은 민가를 보수하여 '집'이라는 공간을 예술작품으로 만든 것입니다. '낡음'의 '개발'에 대한 생각의 전환도 한번쯤은 시도해봐도 좋을 것 같습니다.

# '불만합창제'는 '힐링합창제'의 다른 이름

언젠가 '불만합창제'라는 특이한 행사가 열렸습니다. 유럽에서 처음 시작된 이 합창제는 세계적으로 확산되는 '불만'을 주제로 노래하는 과정에서 '사회적 자본'을 키우는 시민 참여형 프로그램입니다. 불만의 노래를 통해 역설적으로 상호신뢰와 배려를 키워나가는 것이지요.

이 '불만합창제'는 어린이에서 노인까지 폭넓은 연령층이 참여하여 일상의 불만이나 무질서 등을 노래로 표현해 상호 공감을 통한 반성과 힐링을 하는 무대입니다.

어린이들은 "우리가 원하는 학교는 친구들과 놀 수 있고… 시험으로 내 인생 평가하지 말아요…"라거나 "맨날 맨날 내 마음대로 실컷 놀고 싶다… 맨날 맨날 숙제가 없으면 좋겠다…"고 솔직하게 털어 놓기도 하지요.

어른들도 "… 편견 없는 밝은 세상을 우리함께 마음 모아 시작해 봐요…"라든지, "우리 사는 세상, 사람 보이지 않고 돈만 보이네…"라고 합니다.

노인들은 "나이야 가라! 이제는 나를 찾으리!"라고 힘주어 노래하지요. 풍자적 언어를 통해서 자신의 스트레스를 풀고, 무질서를 고발하기도 하며, 신뢰와 배려를 키우고 촉진하는 큰 의미가 있습니다.

그래서 '불만합창제'는 '힐링합창제'의 다른 이름입니다.

# 사랑은 따뜻한 인간관계

자연이나 사람은 모두 변화무쌍합니다. 그 섭리는 경이롭지요. 특히 사람의 감정은 수 만 가지 이유로 변합니다. 사랑이나 미움도 고도의 감정적 행위이기 때문에 변할 수밖에 없습니다. 사랑에는 '일편단심 민들레'도 있고, 아무런 조건을 달지 않는 순수함도 있습니다.

엘리자베스 브라우닝의 시처럼 '사랑만을 위한 사랑'도 있습니다. 사랑의 부정적인 측면이기도 하지만, 환상 때문에 가슴 떨릴 수 있고, 집착으로 그리움에 사무칠 수 있습니다. 거짓된 사랑이지만 눈치 채지 못하고 위안을 받을 수도 있습니다. 사랑해서 떠날 수도 있고, 보내주는 것도 사랑입니다. 사랑은 기쁨과 슬픔을 만들어 냅니다. 웃음과 눈물도 사랑입니다. 사랑은 원래 유치한 감정이 깔려 있기 때문에 있는 그대로 인정해 줘야 하지 않을까요?

어느 대중가수의 노랫말처럼 사랑은 '눈물의 씨앗'이요, 보일 듯이 보일 듯이 보이지 않는 '따오기'요, '미안합니다'라고 말하지 않는 냉철함일지 모릅니다. 그러나 변하니까 사랑이요, 착각하니까 행복합니다. 이렇듯 사랑이 설령 환상과 집착과 가식일 수 있더라도 가슴으로 떨려보고, 그리워하며, 많은 위안을 받으니, 사랑은 따뜻한 인간관계임이 틀림없습니다.

## 서양 고전(古典)에서의 사랑 담론

옛날이나 지금이나, 서양이나 동양이나 사랑에 대한 이야기는 쉼이 없습니다. 소크라테스가 주도한 〈향연〉은 에로스학의 진수였지요. 거기에서 얘기된 '사랑의 사다리'는 유명합니다.

첫 번째 사다리는 '특정' 연인에 대한 사랑으로 시작합니다. 소크라테스는 "젊을 때 아름다운 몸들을 향해 가는 것으로 시작한다"고 말하고 있습니다. 거기에 그치지 않고 '모든 몸들의 아름다움 뿐 아니라, 영혼의 아름다움, 학문이나 배움의 욕구까지를 포함하여 아름다움을 사랑한다'는 것이 골자입니다.

지난 주말 도쿄의 일본 국립서양미술관에서 열린 〈미켈란젤로와 이상의 신체〉라는 기획전을 감상하였는데, 연인의 아름다움과 그에 대한 사랑만이 아니라 '모든' 육체에는 아름다움이 있다는 것을 실증한 전시회였습니다. 그래서 그들은 조각이나 그림 등 예술작품을 통해서 아름다움을 재탄생시킨 것이지요. 〈향연〉을 통해 불충분하게 이해했던 소크라테스의 '사랑의 사다리'를 미켈란젤로의 작품을 통해서 조금 더 이해 할 수 있었습니다.

이 '사랑의 사다리' 마지막 단계는 육체의 아름다움을 뛰어 넘는 배움 자체의 아름다움을 사랑하는 것으로 설정했습니다.

## 행복은 유전이 만들어 낸 운명인가

'행복은 유전인가, 아니면 환경의 영향인가' 하는 것이 논쟁의 대상이 되어 왔습니다. 그런데 최근 서울대 심리학과 최인철 교수는 이것을 말끔히 정리하였습니다. 즉 "유전이 인간의 행복에 관여한다는 사실은 분명하다. 그러나 더 중요한 점은 유전이 결코 행복을 운명 짓지 않는다는 사실이다"라는 결론입니다.

최 교수는 1996년 세계적인 유명세를 탔던 데이비드 리켄과 오크 텔리건의 논문을 소개합니다. 리켄 등은 "행복해지려고 노력하는 것은 키를 키우려고 노력하는 것만큼 부질없다"고 주장하면서, 행복과 환경적 특성들 사이에는 큰 관계가 없다고 하였습니다. 그러나 그들도 얼마 뒤 '명백하게 틀린 주장'이라고 자신들의 주장을 번복했지요.

이러한 혼란을 규명하기 위한 후속 연구는 이민자들을 대상으로 한 조사인데, 이민 온 사람들의 행복은 모국의 행복수준과 무관하게 이민국 국민의 평균치와 매우 유사하다는 것을 밝혀냈습니다.

비단 행복 뿐만 아니라, 유전자는 인간의 생리적 또는 정신적 차원에 폭넓게 관여하고 있지요. 그러나 유전자는 환경요인들과의 상호작용에 의해 바뀔 수 있기 때문에 '금수저' 논쟁에서도 지나친 계층결정론이나 운명론적 사고는 경계해야 될 것입니다.

## 그래도 이 세상은 좋다!

언젠가 정부 산하기관의 보고서에 "우리 사회는 분노사회를 넘어 원한사회로 가고 있다"고 써서 큰 충격을 준 바 있습니다. 과거와는 달리 지금은 경제적으로 크게 이룬 사람들도 '분노'를 많이 토로합니다. 일부겠지만 아마 쉽게 돈을 벌 수 있었던 '아 옛날이여'가 그리워서 그럴 수도 있습니다.

이런 우울한 소식을 접할 때 어느 외국인이 쓴 글에서 위안을 받습니다. 그는 자신이 스무 살 이전에 믿었던 것을 중년이 지난 지금은 믿을 수 없게 되었다고 고백합니다. 나라를 사랑해야 한다고 믿었고, 역사를 믿었고, 문명의 힘을 믿었고, 정의를 믿었고, 이상주의를 믿었고, 사랑을 믿었지만 이제는 믿을 수 없게 되었다는 것이지요.

그러나 나라 안의 땅과 사람은 사랑할 수 있고, 역사를 곧이곧대로 믿지 않아도 진실을 찾으려는 노력은 계속할 수 있고, 우리가 의지할 만한 것은 문명 밖에 없고, 정의가 의심스러워도 그러한 정의라도 가지는 편이 낫고, 이상주의가 있는 사회와 없는 사회는 하늘과 땅 차이이고, 사랑했던 그 시절을 부정할 필요는 없다는 것을 깨달았다고 했습니다.

그렇습니다. 사랑하는 가족과 어울릴 친구가 곁에 있기 때문에 이 세상은 좋을 수밖에 없습니다.

## 팬들의 열광적인 환호, 그리고 우울함

세계적으로 저명한 어느 심리학자는 자신의 청소년 시절을 회고했습니다. 그는 스쿼시 선수였는데 몇 년간 고된 훈련 끝에 전미(全美)대회에서 우승을 하여 매우 기뻤답니다. 많은 사람들로부터 축하 인사를 받았고, 그날 밤에는 축하 행사까지 마치고 방에 왔는데, 이상하게도 행복감은 사라지고 공허함이 엄습해 옴을 경험하였다고 합니다.

톱스타들도 팬들의 열광적인 환호를 받을 때 쾌감을 맛보지만 공연이 끝나고 텅 빈 무대에 남거나 집에 돌아와 혼자 있으면 우울하고 불안해진다고 하지요. 고위직을 한 사람들도 마찬가지입니다. 그 직을 그만두게 되면 건강이 악화되거나 우울증에 빠지는 사람들이 있습니다.

이런 사람들은 평소에 훈련이 필요합니다. 화려함만을 추구할 게 아니라 하는 일에서 의미를 찾고, 무언가 배우고 느끼는 성취감, 또는 직업적인 일 이외의 일상에서 소소한 일에 행복을 느끼는 마음의 습관을 만들어야 합니다. 일을 하며 만난 사람들만이 아니라 개인적으로 친한 사람들을 만들어 자주 어울리며, 작지만 즐거운 감정들을 소중히 생각하는 생활습관도 만들어야 합니다.

일을 하면서 의미를 발견하면 삶의 질서가 만들어지고 그것이 자신의 정체성이 됩니다.

# 고독을 즐겨보았는가

어느 유명한 학자는 '고독을 즐기는 시간이야 말로 가장 행복한 순간'이라는 말을 하였습니다. 물론 그런 측면도 있지만 과연 고독을 즐길 수만 있을지 의문이 듭니다.

허기진 배를 움켜쥐고 잠든 아이를 바라보는 엄마의 안타깝고 고독한 시선, 믿었던 사람에게 배신당해 허탈해진 마음으로 소주잔 기울이는 그 고독, 사랑하는 사람과 이별하여 눈물조차 말라버려 축 늘어진 어느 실연자의 고독을 행복한 순간이라고 말하기는 어려울 것입니다.

그러나 인간은 누구나 고독한 존재라는 원천적인 마음속의 굴레가 있습니다. 현대인은 세련되게 교제를 하지만 점점 신뢰와 단란함, 그리고 따뜻한 사랑이 줄어들고 항상 긴장 속에서 살게 되었습니다. 고독은 고통을 극복하는 과정에서 인생의 의미를 깨달을 수 있고 재생과 회복의 시간이 될 수 있습니다. 자기만의 공간에서 창조의 원천을 찾을 수도 있지요. 그래도 고독은 아프고 고통스럽습니다. 그러나 그게 운명이라면 고독감을 극복하여 정신적 힘을 만들어야 되겠지요.

고독에 흠뻑 빠져 보기도 하고, 고독을 실컷 비웃어 보기도 하면서 환골탈태의 과정으로 활용해 보는 건 어떨까요.

# 마음으로 놓아주지 않아도 한순간에 사라지는 것이 인생이다

여성으로 대만의 초대 문화부장관을 지낸 룽잉타이(龍應台)는 수많은 저서를 통해 중화권 독자들을 감동시켰습니다.

그는 어느 책에 두 아들과의 대화를 소개해서 우리에게 공감과 안타까움을 동시에 안겨줍니다. 큰 아들은 엄마가 해 주는 음식이 마땅치 않았던지 모처럼 방문한 어느 날, 직접 요리를 해서 엄마한테 대접을 합니다. 엄마가 "좋아, 잘 배웠으니까 다음에 만들어 줄게"라고 하자, 아들은 눈을 크게 뜨고 "제게 만들어 달라는 거 아니예요. 나중에 혼자서도 이렇게 만들어 드시라고 가르쳐 드린 거예요"라고 차갑게 응수합니다.

둘째 아들은 오랜만에 만나 공원을 걷다가, 풀숲에 머리를 대고 앉아 사진을 찍는 엄마에게 "어린애처럼 손가락으로 가리키지 마세요. 그냥 말로 하면 되잖아요?"라고 지적합니다. 이제 겨우 17살 소년에 불과한 아들은 산책이 거의 끝날 때 쯤 "엄마랑 외출할 때마다 정말 난처하다니까요. 태어나서 처음으로 집 밖에 나와 세상 구경하는 5살짜리 꼬마처럼 왜 그러세요"라고 타박합니다.

깊은 정을 나누고 긴 세월을 함께하는 가족도 결국 아침햇살에 사라지는 풀잎 위의 이슬 한 방울이 아닌가요?

# 외로움 담당 장관

올해 초 영국 정부는 세계 최초로 '외로움 담당 장관(Minister of Loneliness)'을 임명했다는 기사를 보고 좀 의아했습니다. 물론 현대사회에서 노인들의 외로움 문제는 심각한 사회적 문제임에 틀림없습니다. 영국에서는 외로움으로 고통을 겪는 사람이 900만 명 이상이고, 우리나라의 독거노인 수도 130만 명이 넘습니다. 따라서 이 문제를 해결하기 위한 정부의 노력은 당연하나 노인복지 차원이 아니라 '외로움'이라는 심리적인 문제를 관료적 접근으로 해결한다는 발상에는 한계가 있습니다.

행복도 마찬가지입니다. 유엔이 발표하는 국가별 행복 순위 상위 국가는 노르웨이, 덴마크, 핀란드 등인데 이들 나라의 국민이 행복한 것은 '행복'정책 보다는 누구나 차별받지 않는 '평등'에 있습니다. 행복은 객관적 기준 보다는 개인의 주관적 태도의 문제입니다. 누구는 경제적 부유함이 행복의 조건일 수 있고, 누구는 즐거움이 행복일 수 있습니다.

나이가 들어가면서 '의미'있는 인생을 통해 행복을 느끼는 경우가 늘어나고 있습니다. 따라서 국민은 사람다운 대접을 받고, 평등하고, 공정하다고 느낄 때 행복감이 높아진다는 사실을 정책 입안자들은 알아야 할 것입니다.

## 빡세게와 멍 때리기

지금까지 일하는 태도에 있어서 '빡세게'를 권장하였고 '멍 때리기'는 부정적으로 인식되어 왔습니다. 그런데 몇 년 전부터 우리나라에 '멍 때리기'가 새롭게 주목을 받게 되었지요. 오늘날에는 '멍 때리기가 필요하다'거나 '멍 때리기의 기적'이라는 얘기까지 종종 듣게 됩니다.

그동안 멍 때리기가 부정적이었던 것은 집중력이 떨어지기 때문에, 일이나 공부를 할 때 비생산적이라는 이유에서였지요. 그러나 역사적으로도 사과나무 밑에서 멍하게 있다가 만유인력법칙을 발견한 뉴턴 등에서 이미 멍 때리기 효과는 검증이 되었다고 볼 수 있습니다.

최근에 〈멍 때리기의 기적〉이라는 책을 낸 스리니 필레이 하버드대 정신과 의사는 집중(빡세게)과 비집중(멍 때리기)을 구별하면서 집중은 '정확하게 목표를 조준하면서 사고와 감정과 행동을 통합해 의무를 수행하고 완수하는 효과'이고, 비집중은 '뇌를 준비하고 충전하고 조정해서 필요할 때 창의성을 발휘할 수 있도록 휴식시키는 과정'이라고 구분하였습니다.

당연히 두 가지의 결합이 필요한 것이지요. 그러나 멍 때리기 자체가 새로운 아이디어를 만들어 주는 것은 아니고, 뇌는 준비된 자에게만 멍 때리기를 통해서 베푼다는 사실이 중요합니다.

# 질투는 애착에 관한 화이다

'질투'는 복합적인 감정입니다. 일상에서 질투로 인해 벌어지는 크고 작은 사건이 수 없이 많습니다. 질투의 대상과 범위는 다양하지만 일단 경쟁자나 사랑하는 사람에 대한 감정이 보편적이지요. 경쟁자가 이득을 얻는 다는 것에 대한 부러움, 또는 사랑하는 사람이 다른 사람을 좋아한다는 의심입니다. 질투는 고통스러운 감정이고, 그것이 대인관계를 파국으로 치닫게 할 수도 있습니다.

그러나 질투가 전해주는 메시지나, 질투심을 유발하는 과정에서 보이는 긍정적인 측면도 있습니다. 질투는 '나는 저 사람을 사랑하는데 사랑의 위기감이 있으니 사랑을 더 공고히 하라'는 메시지일 수도 있고, '관계의 종말을 막는데 큰 도움이 되는 중요한 감정'일 수도 있습니다. 그럼에도 불구하고 더 많은 사례에서 질투는 부정적입니다. 즉, 사랑의 감정은 질투라는 감정을 낳을 수 있지만, 질투라는 감정이 사랑의 감정을 낳지는 못합니다.

또한 독점적 관계를 맺으려고 하는 아집이나, 원래 질투심이 강한 성격을 가져서 실제 사랑하지도 않으면서 질투심을 느끼고 표명하는 것은 상황을 복잡하게 만들지요. 따라서 '질투는 애착에 관한 화이다'라는 고려대 최기홍 교수의 정의를 음미해 볼 필요가 있습니다.

## 걷기는 행복을 위한 좋은 도구

걷기는 단순한 건강만이 아니라 걸으면서 삶의 의미와 즐거움을 경험하게 하지요. 행복학 학자들도 걷기와 같은 동적이고 감각적인 활동이 '행복을 위한 최고의 도구'라고 주장합니다.

그래서 주위 사람들에게 걷기를 권합니다.

대부분 걷기의 이점에 동의하면서도 '다음 달부터 시작한다' 또는 '찬바람이 불면 시작한다'고 대답하지요. 그럴 때 '당장 내일부터 실천하라'고 윽박지르면(?) '아이고, 독한 사람이네'라는 표정을 짓지요. 그러나 독한 사람들이 그런 결심과 실천을 하는 것은 아닙니다.

저는 하루에 2만보 이상을 걷습니다. 틈새를 이용하면 누구나 실천할 수 있습니다. 개인의 사정에 따라 다르겠지만, 일단 아침에 기상을 해서 30분 이상 걸을 수 있지요. 어디에 살든 주위에 공원, 학교, 천변 등이 있습니다. 그리고 가능하면 대중교통을 이용하는 것이 좋습니다. 버스나 지하철을 타더라도 근무처 30분 거리에서 내려 걸어서 출근하면 사무실에 도착할 때 7~8천보 정도는 확보하게 됩니다. 그리고 점심이나 저녁 약속이 있을 때도 30분 이내는 걸어서 왕복한다면 하루에 1만보는 쉽게, 또한 2만보도 달성할 수 있습니다.

행복한 사람들은 스스로 행복을 만들어 냅니다.

# 매력적인 도시

세계에서 가장 매력적인 도시를 꼽으라면, 제가 가본 도시 중에는 미국의 뉴욕, 독일의 뮌헨, 그리고 이태리의 피렌체를 꼽고 싶습니다. 그중에서도 한 곳만 선택하라면, 당연히 피렌체를 고르겠습니다.

위의 세 도시는 모두가 예술 인프라와 인적자원 그리고 공연·전시·이벤트 등이 풍부한 예술도시입니다. 특히 피렌체는 르네상스의 3대 천재인 레오나르도 다빈치, 미켈란젤로, 라파엘로가 활동했던 이태리 최고의 문화예술 도시입니다.

10여 년 전, 피렌체 시청을 방문했을 때, 건물 곳곳에 벽화가 걸려 있고 방마다 초상화가 가득한 것을 보면서 이곳은 행정기관이라기보다 박물관이나 미술관 같다는 인상을 받았습니다. 그도 그럴 것이 피렌체 시청은 옛날 메디치 가문이 살던 집이었습니다. 15세기경에 메디치 가문은 현재의 피렌체 시청에 살면서 문화, 예술, 스포츠에 엄청난 재정 지원을 하였고 이를 토대로 르네상스 시대가 열리고 메세나 운동의 기원이 되었습니다.

피렌체에 사는 명문가문들은 다른 사업을 하면서도 자신들의 뿌리가 문화예술임을 자랑스럽게 생각합니다. 피렌체는 어디를 가나 메디치가(家)를 비롯한 명문가문의 예술의 숨결을 느낄 수 있는 매력적인 도시입니다.

## 네팔과 히말라야 트레킹

몇 년 전에 히말라야 트레킹을 다녀왔는데, 그때 트레킹 자체보다도 네팔이라는 나라에 더 관심이 갔습니다. 네팔 사람들은 전통과 종교, 독특한 그들만의 삶과 문화를 지켜오고 있다는 인상을 받았지요.

대부분의 사람들이 온순하고, 열심히 일을 하며 그들의 신은 추상적인 개념이 아니라 삶 속에 존재하고 있기에 경건한 생활이 몸에 배어 있습니다. 지금은 가볍게 나누는 인사 정도로 쓰이는 '나마스떼'라는 말은 원래 산스크리트어로 '내 안의 신이 그대 안의 신에게 경배합니다'라는 뜻으로 합장을 하고 허리를 굽혀 예를 표하는 지구상에 다시없을 법한 정중한 인사였습니다.

물론 안나푸르나 베이스캠프까지 4,000여 미터를 올라가는, 쉽지 않은 등반을 하면서 제가 영원히 잊을 수 없는 것들을 망막에 새긴 것만으로도 당시 트레킹은 분명 큰 의미가 있었지요.

시시각각으로 변하는 안나푸르나, 마차푸차레 산 정상의 아름다운 색깔, 밤하늘에 무수히 박힌 크고 작은 별들, 하늘에서 가장 가까운 마을에서 보는 여명의 신비, 첫 햇살을 받은 산봉우리들의 찬란함, 이 경험은 앞으로 삶이 팍팍하고 녹록치 않다고 느낄 때마다 꿈결처럼 나타나 상한 마음을 위로 해줄 것입니다.

# 쪽빛 가을 하늘이 전해주는 것

해질 무렵 오랫동안 하늘을 올려다보았습니다. 조금 있으면 어두워 질것이라 생각하면서 윤동주 시인의 〈별 헤는 밤〉이라는 시를 떠올렸습니다.

> '계절이 지나가는 하늘에는 / 가을로 가득 차 있습니다 /
> 나는 아무 걱정도 없이 / 가을 속의 별들을 다 헤일 듯 합니다 /
> 가슴 속에 하나 둘 새겨지는 별을 이제 다 못 헤는 것은 /
> 쉬이 아침이 오는 까닭이요 / 내일 밤이 남은 까닭이요 /
> 아직 나의 청춘이 다하지 않은 까닭입니다'

일제의 강점을 아파했던 윤동주가 가질 수 있는 회한을 시로 표현한 것 같습니다. 이렇듯 깊은 의미는 있지만 시공간을 초월한 별을 상징화하면서 어머니와 이야기하듯 써내려간 시에서 애틋한 서정을 느낄 수 있지요. 그러면서도 슬픔의 근원인 망국의 한을 잘 표현한 것 같습니다.

지금 우리가 처해 있는 상황은 그 때와는 완전히 다르지요. 그것이 가을 하늘에 그대로 나타나네요. 노을에 반사되는 조개구름이 쪽빛 가을 하늘을 수놓고 있습니다. 조개구름 사이로 새털구름이 날개 짓을 하며 끼어드는 것이 평화롭고 다정해 보입니다.

이런 가을 하늘을 바라보면서 가족과 이웃에 대해 더 따뜻한 애정을 느껴봅니다.

## 시각장애인 눈에는 희망만 보였다

시각장애인 한국인으로 최초로 미국에서 박사학위를 받은 고 강영우 박사와 생전에 가까이 지냈습니다. 연배도 비슷하고 고향도 같다는 공통점이 그분을 가까이 느끼게 했지만, 생전의 고인을 만날 때 마다 그분으로부터 듣는 말은 하나의 복음이고, 그분의 삶은 감동 그 자체였습니다.

그분이 돌아가신 뒤 미망인께서 고인의 유고집을 보내주셨습니다. 그 책의 제목은 〈내 눈에는 희망만 보였다〉였습니다. 앞 못 보는 시각장애인 눈에 희망만 보였다는 것입니다. 췌장암 말기 선고를 받고 저술한 이 책의 에필로그에 그는 "저로 인해 슬퍼하시거나 안타까워하지 않으셨으면 하는 것이 저의 작은 바람입니다"라고 담담히 적었습니다.

이 글을 읽으면서 천주교 베네딕트의 계율 가운데 하나라는 "매일 죽음을 눈앞에 두라"는 말이 생각났습니다. 언뜻 보면 마치 삶을 외면하는 것처럼 보이지만 이를 해석한 파커 파머는 "영원성은 시간의 연속이 아니라 사라지지 않는 지금을 통한 시간의 극복"이고 "자기 삶을 외면한다는 뜻이 아니라 그것을 더 깊이 들여다본다는 뜻"이라고 말한 바 있지요.

이것이 바로 강영우 박사의 삶이었고 어떤 역경에서도 삶을 더없이 감사히 여긴 그분의 생사관이었습니다.

## "그대의 꽃향기 잃지 않으면 좋겠다"

사람들은 걱정을 달고 삽니다. 또한 많은 사람들이 자신을 행복하기 보다는 불행하다고 걱정합니다. 걱정을 한다고 해서 더 좋아지지도 않지만 끊임없이 걱정을 하지요. 그래서 티베트 속담에 '걱정을 해서 걱정이 없어지면 걱정이 없겠네' 라는 말이 있다고 합니다. 걱정을 하는 것은 어려움에 대비하고 조심한다는 의미는 있지만 대체로 불필요한 걱정을 합니다.

미국의 어느 유머 작가는 '걱정은 흔들의자와 같다'고 했습니다. 흔들의자는 사람을 이리저리 흔들어는 주지만 아무데도 데려다 주지는 못합니다. 그래서 걱정보다는 그때그때, 하나하나에 최선을 다하고 살면 자신이 목표한 곳에 도달할 수 있다는 자신감을 가져야 합니다.

이수동 시인의 대표 시 〈동행〉이 있습니다.

> '꽃 같은 그대, 나무 같은 나를 믿고 길을 나서자 ……
> 타는 가슴이야 내가 알아서 할 테니
> 길 가는 동안 내가 지치지 않게
> 그대의 꽃향기 잃지 않으면 좋겠다.'

이 시는 연애시이지만, 친구나 가족에게 모두 적용되는 시이기도 하지요. 인내하고 배려하면서 상대의 걱정을 덜어주는 시이기 때문입니다.

우리 주위에는 모략도 있지만 항상 '꽃향기'를 풍겨주는 아름다운 인정도 있다는 것을 잊지 말아야 하겠습니다.

# 신중하게 말하기

"한 마디 말로 천 냥 빚을 갚는다"는 옛말이 있습니다. 그만큼 말이 중요하다는 뜻이지요. 그러니 다른 사람에게 나쁜 말을 하거나 사실이 아닌 말을 퍼뜨리는 것은 아주 잘못된 행위입니다.

부정적인 말을 전하면 당사자에게는 돌이킬 수 없는 상처를 주고 평판에 손상을 입히지요. 나중에 그것이 사실이 아니라고 확인되면 고의가 아니었다고 변명하겠지만 이미 때는 늦었습니다. 이는 음주운전으로 사람을 치어 죽게 한 후에 일부러 사람을 죽이려했던 것은 아니었다고 말하는 것과 흡사합니다.

확인되지 않은 소문은 전하지 말아야 하고 만일 확인되었다 하더라도 그 사람의 인격을 손하는 말은 하지 말아야 합니다. 또한 말을 신중히 해야 하지요. 부모가 아이를 잃어 슬픔에 잠겨 있는데, 뭔가 아는 체하면서 아이가 죽은 이유를 설명한다면 얼마나 잔인한 말일까요.

구약성경 욥기에 나오는 욥은 올바르고 평탄하게 살아왔는데 갑자기 일련의 재난을 당하게 됩니다. 그런데 욥의 친구들이 "잘 생각해 보라. 죄 없이 망한 자가 누구인가?" 그 말을 들은 욥의 심정은 어떠했겠습니까? 사실 욥이 당한 불행은 그의 죄 때문이 아니라는 것이 성경에서 밝혀졌으니 얼마나 친구들의 말이 부적절했을까요.

## 쓸모없어 보이지만 크게 쓰인다

중국 고전 〈장자〉의 인간세(人間世)편에 나오는 상수리나무 이야기는 유명합니다. 이 나무는 배(船舶)를 만들 수도 없고, 널을 만들 수도 없으며, 문이나 기둥도 만들 수 없습니다. 그래서 아무데도 쓸모 없기에 오래 자랄 수밖에 없었습니다. 오래 자란 이 상수리나무는 수 천 마리의 소를 가릴 수 있고, 둘레는 100아름이나 되었으며, 높이는 16미터 쯤 되었습니다. 이쯤 되니까 이 나무를 보기 위해 수많은 사람들이 모여들었는데 결국 쓸모없음으로 인해 오래 살아남았고, 오래 살아남음이 바로 쓸모를 가능하게 해 준 것입니다.

고형렬 시인은 〈그 길의 그 상수리나무〉라는 에세이에서, 이 상수리나무 이야기는 '무위의 철학'이라고 했습니다. 이 상수리나무는 끝까지 누군가 자신을 찾지 않았고 어디 한 곳에도 쓰여진 적이 없었으며 그저 자신의 시간을 제대로 쓰지 못한 나그네였다는 것이지요. 여기서의 핵심 주제는 장자가 얘기한 '무용이대용(無用而大用)'입니다. 즉, 쓸모없어 보이지만 크게 쓰인다는 뜻입니다.

자기를 과시하고 다른 사람의 잘못만을 크게 지적하는 세태에서 '무용'의 철학은 의미가 있습니다. 쓸모없는 나무가 없듯이, 쓸모없는 사람도 없습니다.

# 새(鳥)로부터 얻은 깨달음

새벽 시간에 맑은 정신으로 시를 읽는 습관을 길러보세요. 다른 시간 보다는 더 진한 감동과 깨달음이 있습니다.

얼마 전 70대 후반의 원숙한 김종해 시인의 〈새는 자기 길을 안다〉라는 짧은 시를 읽었습니다.

'하늘에 길이 있다는 것을
새들이 먼저 안다
하늘에 길을 내며 날던 새는
길을 또한 지운다
새들이 하늘 높이 길을 내지 않는 것은
그 위에 별들이 가는 길이 있기 때문이다'

새는 자신이 가는 길을 알고 열심히 날면서 자신이 지나 온 길은 지웁니다. 더 넓은 세상을 향해 달리면서도 별을 넘보지는 않습니다. 지난 일에 집착하지도 않고 부질없는 욕심을 내지도 않습니다. 부지런히, 그리고 자신의 분수에 맞게 허공을 달릴 뿐입니다.

우리는 이러한 새(鳥)로부터 교훈을 얻을 수 있습니다. 새는 자기 위의 존재를 인정하면서 그 존재를 배려하고 존중합니다. 이것은 자연의 순리를 수용하는 것이며 자연 현상에 대한 아량과 배려이기도 하지요.

김종해 시인의 짧은 시를 읽으면서 모두가 새처럼 욕심과 집착을 초월해서 나의 분수를 알고 달리는 삶을 살아야 한다는 깨달음을 얻었는데, 이를 깨달음에 그치지 않고 실천으로 행한다면 더 많은 깨달음이 찾아 올 것입니다.

# 진부한 표현의 말과 글

프랑스어 중에 '클리셰(Cliche)'라는 단어가 있습니다. 원래 인쇄에서 연판을 뜻하는 말이지만 '진부한 표현이나 고정관념'을 지칭합니다. 그러나 일반인들은 말할 것도 없고 글 쓰는 일을 직업으로 하는 사람들도 클리셰의 함정에 빠지는 경우가 많지요.

예를 들어 "샛노란 개나리가 봄의 빛을 발하고" 또는 "천고마비 계절에…"라는 표현이 독자들이나 청중들께 감동을 줄 수 있을까요? 또 우리가 흔히 듣는 인사말 중에서 "공사다망한 가운데 자리를 빛내주신"이라거나 "이 자리에 서게 되어 영광"이라는 상투적인 표현이 있는데, 과연 청중에게 어떤 설득력이 있을까요? "이 회사에 뼈를 묻겠습니다"라는 말도 마찬가지입니다.

이런 표현은 자칫 마음속에서 우러나오는 진실이라고 믿어주기보다는 오히려 진정성을 의심 받을 수도 있습니다. 정치인들의 경우도 단정적이거나 단호한 표현의 유혹에 빠지기 쉽습니다. 예컨대 '반드시', '절대로', '하늘을 우러러…', '단 한번도' 등을 말하는데 강력한 이미지를 만들 수는 있으나 이런 표현들이 결국 자신에게 덫이 될 수 있다는 점을 알아야 합니다. 말과 글에서 설득력을 가지려면 진정성과 역지사지의 자세가 으뜸이지 않을까요?

## '행복한 천국'을 만들자

미국을 비롯한 선진사회와 우리나라의 차이를 잘 비교하여 〈어쩌다 한국인〉을 쓴 고려대 허태균 교수는 자신이 경험한 미국은 '지루한 천국'이었고, 한국은 '행복한 지옥'이라고 말합니다.

그런데 지금 한국은 '행복한 지옥'에서 거꾸로 '지루한 천국'으로의 변화를 꾀하고 있습니다. 지금까지 한국사회는 비합리성, 부패, 무질서로 인식되었는데 이제는 좀 더 합리적인 원칙에서 운영되는 사회로의 변화를 모색하고 있는 것이지요.

짧은 기간 동안 유례없는 경제 성장을 하여 많은 나라들이 배우고 싶어 하는 나라이면서도 동시에 OECD 국가에서 행복지수 최하위, 자살률과 사회갈등지수는 1-2위를 기록합니다. 그러면서 헬조선, 7포세대 등 사회전반이 불만으로 가득 차 누구 하나 걸리기만 하면 아주 생매장을 시켜버리겠다는 듯 살벌한 모습을 보입니다.

그러나 희망은 있습니다. 우리는 '행복한 지옥'이나, '지루한 천국'이 아닌 '행복한 천국'을 만들 수 있습니다. 우리문화의 특성인 흥과 정을 나누며 열정적인 부지런함으로 발전 추세를 유지한다면 '행복한 지옥'이 아니라, '행복한 천국'을 만들 수 있습니다.

# 3초, 운명이 바뀔 수도 있는 시간

"신은 한 사람을 망치고자 할 때 가장 먼저 화를 돋운다"라는 말이 있는데, 이에 대해 미국의 어느 교수는 "자기감정의 노예가 되는 것이 폭군의 종이 되는 것 보다 훨씬 불행한 일이다"라고 했습니다. 감정을 다스리지 못해 초래하는 매우 심각한 상황을 표현하는 말입니다.

3초만 참으면 넘길 수 있는 것을 화를 내어 이미 수습할 수 없게 만들지요. 화를 낼 때 당황해 하는 상대방의 표정이 눈에 밟히지만 그 말은 덩실덩실 춤추며 이미 허공으로 날아갔습니다. 하루를 마감한 뒤 잠자리에 들면 낮에 화냈던 상황이 떠오르고, 화낼 때의 말과 표정이 줌렌즈에 잡혀 머리를 꽉 채웁니다. 후회가 마음속에 가득 차오르지만 이미 주워 담을 수 없게 되었습니다.

분노는 이렇게 자신의 행동에 대한 단순한 반성의 차원이 아니라 운명이 바뀌는 큰 낭패를 가져올 수도 있습니다. 분노 조절에 대한 많은 이론들은 있지만 특별한 왕도는 없습니다. 항상 이성을 잃지 않으려는 인내와 노력이 비결일 수밖에 없습니다. 분노가 꿈틀거릴 때 '과연 이것이 화낼만한 문제인가'라고 한번만 더 생각해 보세요.

딱 3초, 운명이 바뀔 수도 있는 시간입니다.

## 검색보다 사색을

따뜻한 직설가 또는 공부하는 스님으로 통하는 법인(法忍) 스님이 쓴 〈검색의 시대, 사유의 회복〉이라는 책이 있습니다. 이 책을 통해 현대인들이 평소 범하고 있는 생각의 오류를 발견하게 됩니다.

우리는 지금 수많은 '정보'나 '생각'들이 범람하는 시대에 살고 있습니다. 인터넷 뿐만 아니라 온갖 미디어를 통해 '손쉬운 검색'으로 엄청나게 많은 정보와 생각들을 만날 수 있는데 과연 진정한 행복과 성숙의 삶으로 이끄는 '진짜 생각'과 꼭 '필요한 정보'에 접근하는지 의문이 듭니다. 그래서 법인 스님의 '검색보다 사색, 사유의 힘을 회복하라'는 외침이 더욱 절실히 다가옵니다.

법인 스님은 항상 생각하고 성찰하여 '헛것'에 홀려 살지 말 것을 직설적으로 권유합니다. 밖에서 제공하는 것을 무비판적으로 수용할 것이 아니라 내적인 성찰로 깨달음을 얻으라는 것이지요.

입시를 앞둔 자녀를 둔 부모는 가족여행을 미루고, 취직을 위해 스펙을 관리해야 하는 대학생들은 친구와의 우정은 뒤로 미루고 우선 학원으로, 해외연수로 발길을 돌리기도 하는데, 과연 이것이 바람직한 일일까요?

검색보다 사색을 권하는 사회, 우리가 만들 수 있지 않을까요?

## 알을 깰 수 있는 용기

줄탁동시(茁啄同時), 또는 줄탁동기(茁啄同機)라고도 하는 사자성어가 있습니다. 병아리가 알에서 깨어나는데도 스스로 알 속에서 쪼아대는 노력과 함께 어미 닭의 도움이 필요하다는 뜻입니다. 둘의 힘이 동시에 작용되기 때문에 '협동'이라는 의미도 있고, '연분'이 무르익음을 비유하기도 합니다.

무슨 일이든지 자신의 의지와 노력이 중요하지만 외부의 도움이 필요합니다. 이 원리는 정부와 국민, 회사와 고객, 사제지간에도 적용이 됩니다.

병아리가 알에서 깨어 나오는 것은 세계인의 청춘 바이블이라고 알려진 헤르만 헤세의 〈데미안〉이라는 소설의 대사에도 나옵니다. '새는 알을 깨고 나온다. 알은 곧 세계다'라는 대목이 있는데, 태어나려고 하는 자는 하나의 세계를 파괴하지 않으면 안된다는 말입니다. 그 하나의 세계를 파괴하기 위해서는 용기와 결단이 필요합니다. 두려움 속에서 깨지 못하면 새로운 세상으로 나갈 수 없습니다.

'줄탁동시', 새는 알에서 나오기 위해 투쟁을 해야 하고 이 투쟁을 뒷받침해주는 적절한 시기와 조력자가 꼭 필요합니다.

하나의 세계를 깨뜨릴 용기가 생겼나요? 그러면 조력자를 찾아 나서시지요.

## 공평한 세상

인생을 어떻게 사는 게 현명한 것인지 곰곰이 생각해 봅니다.

열심히? 영리하게? 실수 없이?

그런데 이렇게 사는 것이 꼭 옳은 것만은 아닌 것 같습니다. 미국의 어느 작가는 인생을 다시 산다면 더 많은 실수를 저지르고, 이번의 인생보다는 더 우둔해지리라는 좀 엉뚱한 주장을 한 바 있습니다.

그러나 대부분 이렇게 작정하고 살기는 어렵겠지요. 오히려 무엇을 이루려고 발버둥치고 약점을 잡히지 않으려고 여유 없이 살며 손해를 보지 않으려고 억척을 떨면서 삽니다. 그러면서 새해가 되거나 어떤 계기가 생기면 여유 있게, 더 베푸는 마음으로 살겠다고 결심도 하지요.

또한 이익과 손해, 기쁨과 슬픔, 사랑과 미움은 대립되는 개념이 아니라는 것도 깨닫습니다. 달라이 라마의 말처럼 '너의 이익'과 '나의 이익'이 서로 분리될 수 없다면 타인에 대한 배려는 자신에 대한 배려일 것입니다. 좀 불리해지거나 서운한 생각이 들어도 크게 씁쓸해 하거나 충격을 받을 필요는 없습니다.

'나'는 '그들'과 별개로 존재할 수 없기 때문에 '나'의 이익을 강조하지 않는 것이 '그들'의 이익이라면, 그것을 수용하는 것이 곧 '나'의 이익이 될 수도 있지 않을까요?

## 나이 드는 데도 예의가 필요하다

올해 80세인 고광애 작가는 아직도 현역입니다. 현재 노인문제 상담과 집필 활동을 활발히 하며 〈나이 드는 데도 예의가 필요하다〉는 다소 도발적인 제목의 책을 펴낸 바 있습니다.

작가는 노인들에게 충고를 하고 있지만 사실 젊은이들이 더 반가워할 내용입니다. 작가의 일관된 주장은 젊은이들한테 이래라 저래라 충고하지 말고, 늙은이들은 이 세상에 잘 적응하고 배우자고 제안합니다. 왜냐하면 이제 이 세상은 젊은이들의 세상이기 때문입니다. 그래서 '삼고초려의 법칙'을 강조합니다.

삼고초려의 법칙은 세 번 이상 요청하지 않으면 오라는 곳에 가지 말라는 것입니다. 낄 자리, 안 낄 자리를 구별하라는 것이지요. 눈치를 잘 차려서 정말로 늙은이 의견이 필요한 경우가 아닌 다음에는 가지 말아야 되고, 참석 여부의 가이드라인은 세 번을 간절한 마음으로 초대하기 전에는 가면 안 된다는 것입니다.

그러나 삼고초려의 법칙은 좀 지나친 얘기입니다. 물론 낄 자리를 잘 구별해야 된다는 점은 인정하지만 젊은이들에게 부담과 폐가 되지 않는 범위 안에서 노·장·청이 조화롭게 어울리는 것은 성숙한 사회 분위기를 조성하는데 기여할 것입니다.

## 적을수록 많은 것

많은 학자들은 행복을 위해서는 '소박한 삶'을 실천하라고 권고합니다. 물질주의와 소비주의에 경계심을 갖고 의미와 가치 있는 자신의 존재를 추구하는 것이 중요하기 때문입니다.

"예술은 불필요함을 제거하는 것"이라는 피카소의 말이 있듯이 삶에서도 지출항목을 줄일 필요가 있습니다. 돈을 어디에, 왜 쓰는지를 꼼꼼히 살펴본다면 먹고, 입고, 여흥을 즐기는 기본적인 욕구를 충족시키면서도 절약할 수 있는 여지는 생깁니다.

이렇게 '소박한 삶'을 실천하는 것은 '적을수록 많은 것(less is more)'이라는 이상을 실현하는 것이기도 합니다.

사실 먹고, 입고, 여가를 즐길 수 있는 것은 적은 비용으로도 가능합니다. 비싼 음식도 많지만, 값은 싸지만 맛있고 영양이 풍부한 음식도 얼마든지 있습니다. 비싼 옷이나 화려한 주택도 만족감을 높여 줄 것이지만 반대로 개성을 살리면서 소박한 삶, 즉 책을 읽고, 음악을 듣고, 자연을 관찰하는 것도 댓가를 지불하지 않고 얻는 성취감이며 기쁨입니다.

한편 자신을 위해 투자하는 것도 보람이겠지만 다른 사람들에게 기쁨을 주고 고통과 어려움을 덜어주는 일은 무엇보다도 의미 있고 보람 있는 일이 아닐까요?

# 책에 읽히지 말고 책을 읽어야

며칠 전 지인이 하루에 걷는 시간과 독서 시간을 좀 줄이라는 조언을 하였습니다.

"제일 좋아하는 두 가지를 다 못하게 하면 어떡하라고?"

라고 대답했지요.

그러나 쇼펜하우어의 〈문장론〉을 보면 독서에 대한 충고가 이해됩니다. 쇼펜하우어는 '다독은 인간의 정신에서 탄력을 빼앗는 일종의 자해다', '지나친 독서는 현실에 대한 감각을 떨어뜨리는 위험성이 내포되어 있다'고 비판 하였습니다. 물론 독서에 대한 쇼펜하우어의 비판은 독서를 하지 말라는 것이 아니라 독서를 하더라도 내 것으로 만드는 독서를 하라는 뜻으로 이해할 수 있습니다.

그렇더라도 '다독주의자'들에게는 하나의 경고임에 틀림없습니다. 따라서 독자는 저자에 의해 가공된 현실이 아니라 자신이 사는 현실 세계의 생생한 소재들과 결합시키면서 책을 읽어야 합니다. 생각하면서 책을 읽는다면 단순한 지식의 주입 보다는 정신적으로 훨씬 좋은 영향을 받을 수 있을 것입니다. 두 권의 책을 한 번 읽는 것 보다는 한 권의 책을 두 번 정독하고, 저자의 시각을 참고는 하지만 자신의 시선과 느낌으로 책의 핵심에 접근하는 것이 효과적인 독서 방법이 아닐까요?

법정 스님 말씀대로 책에 읽히지 말고 책을 읽읍시다.

## 시간 짜내기

하버드대의 어느 교수는 학교 수업과 과제물을 처리하는데 시간이 모자란다고 불평하는 학생들에게 아무 말 없이 큰 통을 꺼내서 돌멩이로 가득 채웠습니다. 학생들에게 통이 "가득 찼을까요?"라고 물으니 당연히 "네"라고 대답했습니다.

교수는 다시 통 안에 모래를 붓고 "가득 찼을까요?"라고 물었습니다. 학생들이 이리 저리 살펴보고 "네"라고 했지요. 그러자 교수는 가볍게 웃으면서 다시 물 한 바가지를 부었습니다. 그 물은 단 한 방울도 넘치지 않고 모두 들어갔습니다.

교수는 학생들에게 말했습니다.

"여러분이 조금만 더 시간을 쪼개고 또 짜낸다면 지금 이 통 안에 들어간 물처럼 어떠한 상황도 뚫고 들어갈 수 있습니다."

시간이 모자란다는 것은 핑계입니다. 누구나 틈새 시간을 활용할 수 있습니다. 하루에 한 시간씩, 외국어를 공부하거나 그림을 그리거나 특정 분야의 책을 읽어 그것이 10년쯤 쌓이면 그 분야의 전문가가 될 수 있습니다.

시간을 짜내면 하루 24시간이 28시간도, 30시간도 될 수 있습니다.

여러분은 하루를 몇 시간으로 짜내 보시겠습니까?

# 배부른 사람은 걱정이 많다

오래전 중국에 출장을 갔을 때 손가정(孫家正) 당시 문화부 장관을 만난 적이 있습니다. 그는 문화부 장관만 10년을 한 사람답게 의미 있는 말을 했습니다.

"배고픈 사람은 한 가지 걱정만 있지만, 배고픔이 해결 된, 즉 배부른 사람은 여러 가지 걱정이 있다."

행복의 조건은 부와 명예와 권력에 있지 않고 사람의 마음에 있습니다. 그것을 가진 사람은 더 가지고 싶어서 항상 초조하고 불안해 합니다. 현 상태에 만족할 수 없기 때문입니다. 더 가지려고 무리하고 안달하며, 그럴수록 더 불안해지고 결국 불행해집니다.

아무리 가난해도 마음이 있으면 나눌 것이 있고, 아무리 부자라도 마음이 없으면 혼자 갖기에도 모자랍니다.

사람을 불행하게 만드는 것은 욕심과 자만에 있습니다. 성공을 거둔 사람은 모두 열정과 능력을 가지고 있지만 그보다 더 중요한 특성은 열정과 능력에 겸허함을 결합시켜야 된다고 생각합니다.

겸허함이란 자기 자신을 과대평가하는 것이 아니라 자신의 한계와 약점을 정확하게 인식하는 덕목입니다. 따라서 에스텔 스미스가 말한 것처럼 겸허함은 "강하나 과하지 않고 조용하나 침묵하지 않으며 확실하나 오만하지 않은 것"입니다.

## 윤동주와 마광수

세간에 많은 화제를 뿌렸던 〈즐거운 사라〉의 작가 마광수 교수가 생을 마감했습니다. 마광수 교수는 윤동주 시인을 널리 알린 학자로도 유명합니다.

윤동주는 시에서 순수 또는 청교도적 윤리를 강조했다면 마광수는 당시로는 '변태 소설'로 치부된 소설을 써서 구속까지 된 순수와는 거리가 먼 작가로 알려졌습니다.

그런데 두 사람 모두 솔직하다는 공통점이 있습니다. 윤동주의 시는 '순수하고 솔직하다. 그러면서 안과 밖이 둘이 아닌 하나다'라는 평가를 받고 있으며, 마광수 역시 '위선과 양비론적 어정쩡함을 배척'하는 작가로 평가됩니다.

그런데 이러한 순수함에도 차이는 있습니다. 윤동주는 '마지막 남은 껍질을 안고 간' 순결의 시인임에 반해 마광수는 '마지막 남은 껍질까지 벗겨낸' 적나라함을 표현한 작가입니다. 윤동주는 '식민지 지식인의 고뇌와 진실한 자기성찰의 의식을 가진 시인'으로 평가받는데 이론이 없으나 마광수는 본인이 그렇게 싫어했던 '양면적' 평가를 받고 있습니다.

그러나 마광수도 윤동주처럼 한국의 문단에 뚜렷한 족적을 남긴 문인임에는 틀림없습니다.

마광수는 윤동주의 싯구처럼 자신의 삶을 '가벼운 마음으로 말할 수 있도록' 살다 간 사람이 아닐까요?

# 두 시인의 깨달음

황지우 시인의 〈뼈아픈 후회〉라는 시는 우리에게 많은 깨달음을 줍니다. 그가 뼈아프게 후회한 것은 '사랑해 본적이 없다'는 것과 스스로 자청한 고난도 '그 누구를 위한 헌신은 아니었다'는 겁니다. 물론 그도 사랑과 헌신을 해 보았을 테지만 그것은 그 누구를 위해서 한 것이 아니라 바로 자신을 위해서 한 것이었기 때문에 결국 '나는 아무도 사랑하지 않았다'고 고백한 것이지요.

이러한 깨달음은 윤동주의 〈내 인생에 가을이 오면〉이라는 시에서도 발견할 수 있습니다.

'내 인생에 가을이 오면, 나는 사람들을 사랑했느냐고 물을 것이고', 그 때 '가벼운 마음으로 말 할 수 있도록' 사랑하겠다고 했습니다. 또한 나의 삶이 아름다웠냐고 물으면 그 때 '기쁘게 대답할 수 있도록' 가꾸겠다고 했습니다. 후회는 무심히 세월을 흘려보낸 후 깨닫게 되는 것이지요.

시간의 흐름에 대한 감각은 다분히 기억과 관계가 있는데 그 때 후회하지 않기 위해서는 늘 자신을 안일한 삶 속에 가두지 않아야 합니다.

두 시인은 나 보다는 누구를 위한 사랑, 나에게보다는 누구를 위한 헌신, 그리고 아름다운 삶을 다짐했는데 그것은 세월이 가져다 준 깨달음이겠지요.

## 미움받을 용기

〈미움받을 용기〉는 프로이트, 융과 더불어 심리학의 3대 거장으로 꼽히는 '아들러의 심리학'을 일본의 기시미 이치로와 고가 후미타케가 문답식으로 정리한 책입니다.

아들러가 지적하듯이 우리가 누군가에게 미움을 받아도 상관없다고 생각하며 살아간다는 것은 자신의 방식에 따라 자유롭게 살고 있다는 증거입니다. 그래서 자유를 누리려면 미움이라는 대가를 지불해야 되는 것이지요. 적이 없다는 것은 결국 자유롭지 못한 삶을 살 수밖에 없는 것입니다. 특히 우리나라 사람들은 선택과 결정의 기준이 '남의 눈'일 경우가 많습니다. 이미 루소도 타인의 눈으로 자신을 판단하는 위험성을 지적한 바 있는데, 나의 가치는 내가 정해야지 남들이 정한다면 의존적 삶일 수 밖에 없습니다. 따라서 아들러의 진정한 자유란 타인의 미움을 받는 것이라는 도발적인 '역설'에 열광하는 것입니다.

학술적인 논쟁과는 관계없이 한국인에게는, 특히 젊은이들에게는 '과거의 원인'이 아니라 '현재의 목적' 때문에 우리가 움직인다는 것이 더 설득력이 있는 것 같습니다.

용기의 심리학에서 제시하는 아들러의 긍정적 사고가 한국 젊은이들의 행복해질 용기를 더욱 격려하고 촉진하는 계기가 되었으면 하는 바람을 가져봅니다.

# 아날로그의 반격

경비원에서 세계 최고의 베스트셀러 작가가 된 스티븐 킹은 "모든 오래된 것이 머지않아 새로운 것으로 탄생할 것이다"라고 예견 했습니다.

이는 〈아날로그의 반격〉을 쓴 데이비드 색스가 그 책에 인용한 말입니다. 저자 데이비드 색스는 〈아날로그의 반격〉에서 실리콘밸리의 몰스킨 열풍부터 아마존이 뉴욕에 문을 연 오프라인 서점을 사례로 들면서 오프라인 매장들이 보여주는 멋진 반전은 우연히나 일시적인 유행이 아니라고 강조했습니다.

사실 효율적인 디지털 기술은 아날로그의 가치를 크게 떨어뜨린 것이 사실이지만 이제 세계 곳곳에서 아날로그의 반격은 시작되었습니다.

이 책에는 하드드라이브의 음악보다는 레코드판의 음악, 인터넷으로 보는 것 보다는 손으로 만져지는 종이 신문, '무겁기 때문에 무게 있는 이야기'라는 종이책, 그러면서 색스는 '아이패드가 교사를 대신 할 수 없다'는 주장을 하고 있습니다. 그러나 무엇보다도 아날로그는 보다 인간중심적인 세상과 소통하는 방식에 큰 의미가 있습니다.

컴퓨터 자판을 두드리며 글을 쓰는 것 보다는 자신의 생각을 종이 위에 연필로 써 내려가면서 사각사각 소리를 들어 본 사람이라면 아날로그를 쉽게 포기할 수는 없을 것입니다.

## 작은 것이 아름답다

"작은 것이 아름답다. 이제는 무겁고, 열이 심하고, 전기세 많이 먹는 엠프와는 아듀!"

이는 어느 오디오 시스템의 선전 문구입니다. 작은 오디오가 편의성과 음질이라는 두 마리 토끼를 다 잡을 수 있다는 점에서 인기를 모으고 있습니다. '작은 것이 아름답다'라는 것은 1973년 경제학자 E. F. 슈마허의 책 제목으로부터 연유되었는데, 그것은 성경에 나오는 다윗과 골리앗의 이야기에 등장하는 문장을 그대로 인용한 것입니다.

〈언씽킹〉으로 유명한 해리 벡위드는 인간은 '거인을 믿지 않는다'고 했습니다. 오히려 큰 것과 악한 것을 동일시하기도 했지요. 그는 작은 것이 아름답다는 사례를 찾았는데 미국 최초의 거대기업인 원유와 철도를 야유하면서 '모든 커다란 행운 뒤에는 거대한 범죄가 있다'는 속담을 사용하기도 했습니다.

느림보 골리앗이 아니라 작은 기업이 빠르다는 것을 예로 들면서 트위터와 페이스북을 예찬하기도 했습니다.

'작은 것 대 큰 것'을 대비 시키면서 너무 커버리면 언젠가는 망할 운명을 맞는다는 악담(?)까지도 했지요. 따라서 골리앗(큰 것)도 새로운 이름(작은 것)을 내 걸고 다가와야 성공할 수 있다고 말함으로써 성장지상주의를 경계합니다.

## 합리적인 사회의 지루한 삶

얼마 전에 잠시 일본을 다녀왔습니다. 거리가 깨끗하고 식당이나 공공장소에서 만나는 사람들이 매우 친절하다는 인상 말고는 특별히 좋은 것을 발견하지 못하였습니다.

1970년대 초, '한일 대학생 토론회'로 처음 일본을 방문했을 때는 모든 것이 신기했습니다. 매장마다 한국에서는 볼 수 없는 화려한 물건들로 채워져 있고, 당시 '환타'라는 음료를 처음 마셔보았는데 그 맛은 환상적이었습니다.

그러나 지금은 일본과의 격차를 피부로는 느낄 수 없게 되었습니다. 미국이나 유럽 같은 선진국에서 오래 살거나, 외국여행을 하고 돌아오는 한국 사람들은 한결같이 '그래도 한국이 제일 살기 좋아'라고 말합니다.

선진국에서 살다 보면 도시 인프라가 잘 갖춰져 있고 규칙을 잘 지키기 때문에 예측 가능한 사회라는 것을 느낄 수 있으나 한편으로는 재미없고 지루합니다.

거기에 비해 우리나라는 무질서하고 서로 불신하며 양보가 없는 사회이기 때문에 짜증이 나는 경우가 많습니다. 그래도 한국에 사는 것이 좋은 것은 우리네 삶은 재미있고 정을 나누며 역동적이어서 사람 사는 맛을 느낄 수 있기 때문입니다.

그래도 우리는 예측가능하고 합리적인 사회로의 변화를 위해 노력해야 되겠지요?

# 2

# 일과 사랑과 영혼

## 대중의 침묵

대중이 언제나 옳은 것은 아니지만 대체로 옳습니다. 그래서 영화감독 강제규는 "어떤 분야든 대중과 결합하지 않으면 경쟁력이 없다"고 말하였고, 미국 대통령 오바마도 "의미 있는 변화는 항상 일반 대중에게서 시작된다"고 강조하였습니다.

미시적으로 보면 개개인의 의사표시나 행동이 불합리하고 이기적인 면도 있지만, 거시적으로 보면 다수 의사의 결집체는 합리성을 가집니다.

지금까지 우리나라 민주주의는 공급자 중심 정책 생산과 확산에 치중해 왔는데 앞으로는 주권재민이라는 헌법정신에 따라서 대중의 의식, 관점, 태도, 욕구에 부응하는 수요자 중심 민주주의로의 전환이 필요합니다.

그러나 아직도 힘 있는 많은 사람들이 대중을 진정으로 존중하지 않습니다. 대중은 다 알면서 침묵하고 있을 뿐이지요. 대중들에게 정책입안자들의 영혼 없는 달콤한 말이나 학자들의 난해한 거대담론은 와 닿지 않습니다. 대중은 세상이 바르고 공정하게 작동되며, 어려운 이웃이나 사회적 약자를 따뜻하게 보살피는 것에만 공감할 뿐입니다.

## 독일과 일본의 다른 '기억'

독일의 역사에서 외신이 전한 2개의 사진은 세계사의 교훈입니다. 하나는, 1970년 '유대인 폴란드 희생자 기념비' 앞에서 무릎을 꿇고 눈물을 흘리는 빌리 브란트 총리의 사진이고, 다른 하나는 2014년 2월 앙겔라 메르켈 총리가 예루살렘의 시몬 페레스 대통령 관저에서 훈장을 받는 장면입니다. 이른바 '홀로코스트'를 자행한 전범국 총리가 피해 당사자인 이스라엘의 대통령으로부터 훈장을 받은 것이지요.

독일은 나치 시절에 벌어졌던 일들을 합리화하지 않고, '끊임없이 기억하고, 성찰하고, 반성하는 분위기'를 만들고 있습니다. 그런데 일본의 '기억'은 안타깝게도 독일과는 완전히 반대입니다. 독일처럼 '진정성 있는 사과'를 단 한 번도 하지 않았고, 특히 아베 정부가 출범하면서부터 과거에 대한 사죄와 반성은커녕 야스쿠니신사 참배, 독도 영유권 주장 등 역사 왜곡 행위를 서슴지 않고 있습니다.

서울대 홍진호 교수는 "나치의 과거는 이미 지나간, 잊고 싶은 일이 아니라, 늘 새로운 모습으로 '기억'되는 독일인들의 살아 있는 '현재'"라고 했습니다.

일본은 기억은 미래를 만드는 '과거'라는 점을 모르고 있는지요.

# 우리의 일상은 역사의 산물

우리는 흔히 '일상을 변화시키는 것이 중요하다'거나, '소소한 일상에서 행복을 느껴야 한다'고 말합니다. 이렇게 '일상'이라는 말을 자주, 그리고 쉽게 사용하고 있으나 사실 그렇게 간단한 이야기는 아닙니다. 누구는 출퇴근 시간을 지키고, 답답한 분위기에서 일하며, 휴가를 기다리며, 어느 때는 스포츠를 즐기고 주말에는 야구중계를 보는 것을 일상이라고 합니다. 그러나 또 어떤 사람들은 돈벌이에 전념하고, 인맥을 쌓고, 휴가도 없이 일만 하고 그러면서도 사회적 책임감을 느끼며 사는 경우를 말하기도 합니다.

영국의 그레그 제너는 〈소소한 일상의 대단한 역사〉라는 책에서 이러한 일상은 이미 100만 년 전부터 되풀이해 온 것이며, 그러기에 우리의 일상에는 오랫동안 쌓여온 대단한 역사가 스며있다고 말합니다. 다만 공기처럼 너무나 일상적이어서 사소하게 느껴질 뿐이지요. 따라서 일상은 보통의 것, 정상적인 것을 말하며 동시에 반복성, 영속성, 항상성의 합의가 있기 때문에 자연히 재생산과 전통의 의미가 있습니다.

이렇듯 작은 일상들이 모여 역사를 만들고, 이 작은 일상을 통해 인간의 운명을 개척하고 생존의 기술을 터득합니다.

## 역사의 마지막 사회형태

역사적으로 자본주의와 민주주의는 진화와 퇴보를 반복하였는데, 현재 자본주의의 가장 두드러진 쟁점은 경제성장의 원리가 개인의 이기심이라는 주장과 이타심이라는 엇갈리는 주장입니다. 주로 신자유주의 경제를 옹호하는 사람들은 이기심이 서로 경쟁을 유발하여 경제성장의 원동력이 된다고 주장하는 반면 사회적 경제를 신자유주의의 대안으로 생각하는 사람들은 경제성장의 원동력은 이타심, 배려, 공생 등 공동체 의식이 기반이라고 주장합니다.

민주주의도 고전적 원리인 대의민주주의는 유지되고 있지만 최근에는 직접민주주의가 폭넓게 운용되고 있습니다. 이렇게 자본주의와 민주주의의 핵심적 실체가 구별하기 어렵게 되었더라도 공동체와 시민이 강조되는 최근의 추세는 바람직합니다. 사랑, 평화, 나눔, 헌신이라는 가치는 갈등을 일으키기도 하지만 더 풍부하고 더 합리적으로 진화하여 사회정의에 가깝게 다가가고 있지요.

자본주의나 민주주의는 모두 '좋은 사회'를 만들기 위한 것이고, 좋은 사회는 이웃끼리 서로 양보하고 타인을 배려하는 공동체의식에 기인하는 것이 아닐까요. 좋은 사회를 만들기 위한 자본주의나 민주주의가 '역사의 마지막 사회형태'로 계속 진화되기를 희망합니다.

## 인간관계의 지침서 〈논어〉

〈논어〉는 동양 고전의 베스트 원입니다. 〈논어〉는 공자가 썼다고 주장하는 사람들이 많은데 사실은 공자의 제자들의 공저라고 합니다. 그러나 제자들이 공자의 가르침을 받으면서 기록한 것을 공자 사후에 펴낸 책이기 때문에 〈논어〉가 공자의 사상임에는 틀림없습니다.

〈논어〉의 첫 장은 학(學)자로 시작하여 중국의 사상을 함축하고 있습니다. 즉 '배움의 길'을 강조합니다.

〈논어〉의 마지막장, 마지막 구절은 부지(不知)로 시작하는데, 즉 '너의 한계를 알라'는 것이지요.

〈논어〉를 해설한 성균관대 신정근 교수는 공자는 학(學)을 통해 끊임 없이 '더 높이 나아가라'고 말하고, 마지막 장에는 '더 이상은 안돼'라고 제어하여 묘한 구조를 가졌다고 말합니다.

흔히 〈논어〉를 인간관계의 지침서라고 평합니다. 〈논어〉는 군자의 바람직한 태도를 구체적으로 제시했는데, 보고 들을 때는 확실하게, 표정과 태도는 따뜻하고 공손하게, 그리고 진실, 신중, 인내, 특히 인간관계에서의 배려의 덕목을 강조했습니다.

우리 모두가 군자일 수는 없지만 〈논어〉에서 제시한 행동지침을 하나하나 유념하여 군자가 되기를 희망하며 살아보면 어떨까요.

## 세종과 정조

조선왕조의 가장 위대한 임금으로 세종과 정조를 꼽습니다. 그런데 두 임금 모두 책 읽기를 좋아 했다는 점에서 공통점이 있습니다. 세종은 같은 글을 100번씩 읽었다고 전해지고 있으며, 어떤 책은 1,100번을 읽었다고도 합니다. 정조의 책 읽기도 세종 못지않았습니다. 정조는 중국 춘추시대의 경서인 육경(六經)에 나타난 공자의 가르침을 학문의 기본으로 삼았습니다.

이와 같은 높은 학문을 국가 경영에 도입한 두 임금은 문예 부흥을 일으킨 대표적인 군주였는데 학문과 연관된 많은 정책적 성과를 거뒀습니다.

세종은 집현전 설치, 한글 창제, 천문학과 농업의 발달 등 눈부신 발전을 이룩하였고, 정조도 즉위하자마자 규장각을 설치하여 승정원이나 홍문관을 대신해 국왕의 통치를 보좌하였으며 탕평책을 통해 왕권을 강화하였습니다. 뿐만 아니라 두 임금 모두 '백성을 편안하게 하는 것' 즉 위민(爲民)에 정치의 궁극적인 목적을 두었었는데, 이것도 두 임금의 책읽기에서 연유되었다고 알려지고 있습니다.

책에는 지도자가 국민을 받들어야 하는 도리와, 나라나 조직을 경영할 수 있는 지혜가 쓰여져 있기 때문입니다.

# 천연자원의 저주

퓰리처 상을 수상한 〈총, 균, 쇠〉의 저자 재레드 다이아몬드 교수는 최근에 〈나와 세계〉라는 새로운 저서를 통하여 인류의 미래에 대한 중요한 질문을 던졌습니다. 그러면서 한국 사례를 많이 언급하고 있지요.

이 책은 '왜 어떤 국가는 부유하고 어떤 국가는 가난한가'라는 질문에 답을 합니다. 우선 지리적 요인을 거론하는데, 그는 '천연자원의 저주'라는 역설을 주장합니다.

즉 천연자원이 풍부한 나라는 그것이 나라 전역에 골고루 분포되어 있지 않아 그 이권과 관련하여 내란과 분리 독립운동으로 이어지고, 자원이 풍부하니까 경제의 다른 분야 개발이나 교육투자에 소홀해져 결과적으로 빈곤의 나락으로 떨어진다는 것입니다. 따라서 석유나 다이아몬드 등 천연자원은 없고 온대지역이면서 바다에 둘러싸인 한국은 '복 받은 나라'라고 주장하지요.

'천연자원의 저주'라는 그의 주장에 일부 동의를 할 수는 있으나 우리에게 천연자원이 없는 것이 축복이라고 말하는 것은 너무 안일한 생각이 아닐는지요.

오늘의 경제발전은 '한국병'을 야기하기도 했지만 한국인의 '빨리빨리'(속도) 태도와 근면성이 결합된 결과입니다.

# 일과 사랑과 영혼

뭔가 일이 잘 풀린다고 생각할 때 실수를 하게 되는 경우가 종종 있습니다. 지식과 능력이 뛰어나다고 해도 실수를 전적으로 막을 수는 없습니다. 그것은 자신의 영혼을 소홀히 할 때 일어나기 때문입니다. 그러니까 일이 잘 된다고 밀어붙이지 말고 속도를 줄이면서 자신의 영혼과 보조를 맞춰야 합니다.

사랑에 빠졌을 때도 마찬가지입니다. 정신적, 육체적 만족만을 추구하지 말고 영혼을 돌봐야 합니다. 우리가 자신을 돌아볼 여유도 없이 욕심껏 달려만 가면 우리의 영혼은 점점 무뎌지지요.

사업이 잘되고 사랑에 깊이 빠져 있을 때, 그 의미와 가치를 성찰해야 합니다. 영혼이 따라올 때까지 그 속도를 늦추어 기다릴 필요가 있습니다. 계속 뛰기만 한다면 아주 소중한 무언가를 잃어버리게 됩니다.

일이나 사랑에 제동이 걸리면 그때 적막한 외로움이 찾아옵니다. 그제서야 영혼이 메말라있음을 깨닫게 됩니다. 일과 사랑의 미완성을 인식하고 조심스레 완성을 향해 나아가는 것이 필요합니다. 가끔씩 작은 들꽃을 바라보고 새 울음소리를 들으면서 무엇 때문에 이렇게 바쁘게 사는지, 왜 저 사람을 사랑하는지의 의미를 진지하게 찾아본다면 삶은 훨씬 더 풍부해질 것입니다.

# 돈으로 살 수 없는 사랑

마이클 샌델은 〈돈으로 살 수 없는 것들〉이라는 책에서, 세상에는 돈으로 살 수 없는 것들도 있다는 점을 강조했습니다. 일례로 '사랑'을 들었는데, 이 주장에 답을 얻기 위해서는 사랑에 대한 정의가 필요합니다. 수많은 사랑의 정의 중에서 교육심리학자인 로버트 스텐버그의 분석이 상대적으로 설득력이 있습니다.

스텐버그는 사랑의 세 가지 요소로 '열정, 친밀감, 헌신'을 꼽았는데, 열정은 로맨틱한 감정을 일어나게 하는 강렬한 욕망을 뜻하며, 친밀감은 상대방과의 정서적 연결성을 말하고, 헌신은 사랑의 사유적, 인지적 측면에 해당합니다.

따라서 열정, 친밀감, 그리고 헌신이 결합되면 가장 이상적인 '완전한 사랑'이 됩니다. 그러므로 '사랑을 돈으로 산다'는 의미는 '열정과 친밀감과 헌신'을 모두 사는 것을 뜻하는데 사실상 이는 불가능합니다.

사랑을 돈으로 살 수 있다고 믿는 사람은 돈이라는 도구를 통해 단순히 호감을 갖게 하거나, 성적 만족을 얻는 것에 불과합니다.

비틀즈는 1964년에 "사랑을 살 순 없어요"라는 노래로 이에 대한 결론을 이미 내려 주었습니다.

# 좋은 인연과 나쁜 인연

불교에서는 어떤 결과를 내는 직접적인 원인은 인(因)이고, 간접적인 원인은 연(緣)이라고 합니다. 인연은 꼭 사람의 관계만을 말하는 것은 아닙니다.

사람들은 살면서 많은 인연을 맺는데, 그 인연이 좋게, 오래 갈 수도 있지만 갈등이 지속되어 악연이 될 수도 있습니다.

이 세상에는 좋은 인연이 많이 있습니다. 남녀가 결혼하여 행복하게 사는 연분, 함께 있으면 항상 즐거운 친구와의 우정, 같은 직장에서 만나 씨앗(因)이 되고 거름(緣)이 되어 아름다운 꽃을 피우는 공동체적 유대감 등이 그것입니다. 좋은 인연을 오래 유지하기 위해서는 상대에 대한 배려가 필요합니다.

나쁜 인연은 오해에서 기인할 수도 있지만 대부분은 이기심 때문에 상대를 소홀히 한 결과, 차라리 만나지 말아야 했던 인연입니다.

내가 공들여 쌓아놓은 일이 하루아침에 무너져 내려 앉더라도 다른 사람을 원망하지 않고 몸을 굽혀 다시 일으켜 세우는 겸손과 인내를 배운다면 많은 사람들과 좋은 인연으로 살아갈 수 있지 않을까요?

## 무신론자들의 일방통행

유발 하라리는 베스트셀러 〈사피엔스〉의 후속으로 〈호모 데우스〉를 출간하였습니다. 〈사피엔스〉는 7만년의 역사를 거쳐 마침내 지구를 정복한 인류의 진화과정을 기술한 것이라면, 〈호모 데우스〉는 이제 인류는 무엇을 추구하며 어디로 나가야 할지를 설명하고 있습니다.

유발 하라리는 지난 시기 인류를 괴롭히던 '굶주림, 전염병, 전쟁'을 진압하고, 지금까지 신의 영역이라고 여겨지던 불멸이나 신성의 영역으로 인간이 다가가고 있다고 주장합니다.

하라리는 "종교는 사라지지 않을 것이다"라고 주장하면서도 사실상 종교와 신은 허구라는 전제 위에서 논리를 펴고 있습니다. 그러면서 그는 인류는 "전례 없는 기술의 힘에 접근하고 있지만, 그것으로 무엇을 해야 할지 잘 모른다"고 말합니다.

우리가 개발하는 유전공학, 인공지능, 나노기술을 이용해 천국 또는 지옥을 건설할 수 있는데 이것은 선택에 의해 달라진다는 다소 애매한 입장을 취하고 있지요.

그러나 지금 지성계는 신의 존재를 의심하는 유발 하라리, 리처드 도킨스 등이 막강한 지적 영향력을 발휘하고 있지만 이에 대한 논쟁은 소극적이라는데 아쉬움이 있습니다.

## 인생이 나에게 던지는 질문

빅터 프랭클은 철학이나 심리학 저서에 자주 인용이 되는 사람인데, 2차 세계대전 당시 유태인이라는 이유로 3년 동안 아우슈비츠 강제수용소 등에 수용되어 있으면서도 삶의 품위를 잃지 않고 성자처럼 버티며 살아온 사람입니다. 인생은, '인생이 던지는 질문에 하나하나 답해나가는 과정이다'라는 유명한 말을 남기기도 하였지요.

사람은 살면서 '어떤 옷을 입을까?', '무엇을 먹을까?'에서부터 '누구와 결혼을 할까?', '어느 대학을 선택할까?' 등의 수많은 질문에 스스로 답을 해야 하고 이러한 답들이 모아져서 그 사람의 인생이 되는 것입니다.

따라서 우리가 삶에게 무엇을 기대하는 것이 아니라 삶이 우리에게 무엇을 기대하는 것입니다.

또한 빅터 프랭클의 '살아야 할 이유'는 니체의 "'왜' 살아야 하는지 아는 사람은 그 '어떤' 상황도 견딜 수 있다"는 말로부터 시작합니다. 그래서 그는 '만약 어떤 사람이 시련을 겪는 것이 자기 운명이라는 것을 알았다면 그는 그 시련을 다른 것과 구별되는 자신만의 유일한 과제로 받아들어야 한다'는 점을 강조합니다. 결국 다른 사람과 구별되는 '의미'와 '가치'를 찾기 위해 우리는 살아가는 것입니다. 무엇에서 의미를 찾고, 어떤 것에 가치를 둬야 하는지가 인생의 과제입니다.

# 교육으로 본성을 바꿀 수 있나

교육으로 지식을 향상시키고 나쁜 짓을 억제하게 할 수는 있으나 본성을 바꿀 수는 없는 것 같습니다. 물론 이론적 쟁점이 있는 부분이지만 실생활에서 많은 사례를 확인할 수 있습니다.

빌리 그레이엄 목사는 오래전에 독일의 아우슈비츠 강제수용소를 방문했습니다. 철조망, 고문기구들, 공기가 밀폐된 징벌실, 가스실, 시체 소각장 등을 둘러보았는데, 이는 인간이 다른 인간에게 행한 잔인함을 극명하게 보여준 끔찍한 현장이었습니다.

그 후 빌리 그레이엄 목사는 〈행복의 비결〉이라는 저서를 통해 "예술과 교육은 취향을 발달시킬 수는 있을지언정 사람의 마음을 정화시키지는 못한다"고 주장하면서, 나치의 유태인 대학살은 "바로 교육받은 사람들, 그것도 최상의 교육을 받은 사람들에 의해 자행되었다"고 말합니다. 머리가 좋고 고급 교육을 받은 사람이 끔찍한 범죄도 더 잘 계획하고 교묘하게 은폐도 할 수 있지 않을까요?

수용소를 돌아 본 뒤 빌리 그레이엄 목사는 "나는 도덕성을 상실한 문명화된 지식인들 보다 차라리 무지한 야만인들로 가득 찬 세상을 선택하겠다"고 하여 악과의 충돌을 선언하였습니다.

## 아들러와 프로이트

프로이트는 우리가 괴로움에 시달리는 것은 과거의 일에 원인이 있다는 이른바 트라우마 이론을 정립한 '원인론'의 주창자인 반면, 아들러는 인간은 과거의 원인에 영향을 받아 행동하는 것이 아니라 스스로 정한 목적을 향해 움직인다는 '목적론'을 주장함으로써 전통적인 심리학의 인과법칙을 뒤집는 개념을 제시합니다. 어떠한 경험도 성공과 실패의 원인은 아니라는 아들러의 목적론은 파격적이고 직설적입니다.

아들러 심리학에 대한 독자들의 주장을 보면 '몰랐던 정보를 알게 해 줬으며', '신기하고', '놀랍고', '심오하다'는 반응을 보이고 있습니다. 아들러가 제기한 '자유란 타인에게 미움을 받는 것'이라는 대명제가 젊은이들에게 크게 어필하고 있는 것 같습니다.

이렇게 심리학계에서는 프로이트의 '원인론'과 아들러의 '목적론'이 대립하는데, 이것은 그다지 중요하지 않습니다. 어떤 행동의 원인이 과거로부터 영향을 받았을 수도 있고, 과거에 무엇이 주어졌느냐 보다 주어진 것을 어떻게 활용하느냐 하는 자기의 선택도 영향을 주기 때문에 원인론과 목적론의 결합이 필요하다고 생각합니다.

# 신뢰 받을 수 있는 도덕적 권위

어느 조직이나 집단에는 항상 위험과 갈등, 그리고 불안정과 변동이 잠재되어 있는데, 이를 해결하고 갈무리할 책임은 오롯이 리더에게 있습니다. 리더가 구사하는 전략은 다양하지만, 가장 핵심적인 덕목은 '신뢰 받을 수 있는 도덕적 권위'입니다. 신뢰와 도덕적 권위가 있어야만 어떠한 갈등도, 불안정도 극복할 수 있습니다.

오바마 대통령의 '리더십 10계명'이 유명한데 그 첫 번째 계명 또한 '신뢰'였습니다. 링컨의 리더십 특징이라고 알려진 '진정성과 관용'도 신뢰에 뿌리를 두고 있지요.

성직자지만 '기업가적 리더십'을 가졌다는 빌리 그레이엄 목사의 리더십은 '겸허함과 열정의 결합'인데, 혼자 모든 일을 하려고 하거나 일에 대한 공로를 독점하지 않는 '팀 정신'을 강조한 것도 그 밑바탕에는 신뢰가 깔려있습니다.

이런 신뢰는 도덕적 권위의 원천이 되고 있는데, 그 외에도 도덕적 권위에는 리더의 솔선수범, 구성원을 아끼고 보호하는 포용력, 감정을 자제하고 매사에 공정성을 지켜나가는 자세 등이 있습니다.

우리 사회의 '거대한 영웅'들이 결국 '굴절된 영웅'으로 추락하는 모습을 보면서 신뢰와 도덕의 중요성을 다시 한 번 생각해봅니다.

# 지장고(智藏庫)를 만들자

히말라야의 어원은 '히마 : 눈(雪)' + '알라야 : 거처'의 합성어입니다. 즉 '눈의 거처'인데 중국 승려들은 설장산(雪藏山)이라 쓴다고 합니다. 눈을 가득 저장하고 있는 산이라는 의미지요.

대전에는 식장산(食藏山)이 있습니다. 백제시대 군량미를 비롯해 먹을 것을 저장했던 산이라는 의미입니다.

8,000m의 히말라야산맥, 600m의 식장산, 높이는 달라도 무엇을 가득 저장하여 많은 사람에게 즐거움을 준다는 스토리가 있습니다.

파주 출판 단지에는 '지혜의 숲'이 있습니다. 거기에는 여러 부류의 사람들이 기증한 다양한 책이 수 만권 진열되어 있지요. 어린아이들이 즐겨 읽는 동화책에서부터 지식인이나 학자들에게 필요한 전문서적들이 모두 구비되어 있습니다.

우리도 지혜와 지식을 머리와 가슴에 저장하는 창고를 만들어야 합니다. 그 이름을 지장고(智藏庫)라고 부르면 어떨까요? 지장고에 넣어 둔 많은 지식과 지혜를 하나하나 꺼내어 '나는 누구인가?', '어떻게 살아야 되나?'를 생각하고 고민하다 보면 깨달음을 얻게 되고, 그로 인해 아름다운 삶을 가꿔나갈 수 있지 않을까요?

## 마시멜로 실험

스탠포드대학 심리학과 월터 미셸이 1970년대에 실행했던, 그 유명한 '마시멜로 실험'이 있습니다. 4살짜리 유치원생 653명을 대상으로 실시한 이 실험에서는, 선생님이 아이들을 1명씩 놀이방으로 들어오게 하고 "네가 원하면 지금 바로 마시멜로 하나를 먹을 수 있는데, 15분 동안 먹는 것을 참으면 2개를 줄게"라고 말했습니다.

그 실험 결과 아이들 중 3분의 1은 즉시 하나를 먹었고 3분의 1의 아이들은 15분을 기다렸다가 2개를 얻었으며 나머지 3분의 1은 그 중간쯤이었습니다. 4살짜리 아이들이 맛있는 과자를 보면서 15분간 먹지 않는 것은 결코 쉬운 일이 아니었을 텐데요.

연구진이 14년 후 이 아이들을 추적해 보았을 때 미국 대학수학능력시험(SAT) 결과 15분간 만족을 미뤘던 아이들과 그렇지 못한 아이들 사이에 무려 210점의 점수 차이가 나타났습니다. 이 실험에 대해 논란이 많았지만, 이러한 논쟁과는 관계없이 교육으로 '자기통제력'을 기를 수 있는 것은 사실입니다. 어린 시절부터 알게 모르게 부모로부터 혹은 교사로부터 자기 통제력과 절제력을 훈련받으며 자란 사람과 그렇지 않은 사람은 성인이 되어 커다란 차이를 보이리라는 것은 분명한 사실입니다.

## 낮은 곳에 의미와 가치가 있다

언젠가 연탄배달 봉사를 하러 갔는데, 비탈길을 한참 올라가야 연탄을 받을 집이 있는 환경이 매우 열악한 동네였습니다.

그런데 어느 집 앞에 다다르니 한 평도 채 안 되는 빈터에 아름다운 꽃들이 빼곡히 심어져 있어 보기에 참 좋았습니다. 어느 어르신이 사신다고 들었는데, 아마 그 어르신은 꽃을 가꾸는 일로 사는 재미와 보람과 행복을 느낄 것입니다.

집 주인을 직접 만나진 못했지만 얼굴에 주름살은 깊어도 잔잔한 웃음으로 상대를 편안하게 해 주시는 분이 살고 계실 거라는 상상을 했습니다.

그 꽃을 바라보며 프랑스의 정신과 의사이자 소설가인 프랑수아 를로르의 말을 떠올렸습니다. 를로르는 '행복은 집 앞에 채소밭을 갖는 것'이라는 아주 평범한 말을 했지요. 주거환경이 매우 열악한 곳, 나이 들고 가난하여 다른 사람의 관심을 받지 못하는 사람들이지만 그 가운데서 삶의 철학을 발견할 수 있는 시간이었습니다.

한 해를 시작하는 일월, 세상의 눈으로 보기에는 가난하고 초라해 보이는 골목이지만 인생의 진정한 의미와 가치는 분명 여기에도 있습니다.

# 한번의 선행, 한번의 실수

우리는 흔히 100에서 하나를 빼면 99가 아니라 0이 될 수도 있다는 얘기를 합니다. 또한 100에 하나를 더하면 101이 아니라 무한대가 될 수 있다는 얘기도 하지요.

실제로 철강 왕 앤드류 카네기의 어머니가 허름한 차림으로 비를 피해 백화점에 들어섰는데 직원들의 싸늘한 눈초리에 안절부절 못할 때 어느 말단 직원이 의자까지 내어주며 2시간 동안 비를 피하게 배려를 했습니다.

몇 달 후 카네기의 어머니는 그 백화점 사장에게 편지를 보내 2년 치 매출에 해당하는 거액의 물건을 주문하면서 그 조건으로 그 청년을 임원으로 승진시켜 달라는 부탁을 했습니다.

당연히 그 청년의 운명은 바뀌었지요. 이것은 100에 하나를 넘어 그 이상이 된 사례입니다.

그러나 그 반대의 경우도 많지요. 제천의 목욕탕 화재 사건이나 돌이킬 수 없는 세월호 사건 등은 모두 100을 잘못해서 일어난 참사들이 아니었습니다. 어쩌면 하나, 둘의 잘못으로 100, 아니 모두를 잃은 것이지요.

한 번의 실수로 모든 것을 다 잃을 수도 있고, 단 한 번의 선행으로 많은 것을 얻을 수도 있습니다. 인생은 잘한 일이든 잘못한 일이든 우리가 한 일에 대해서만 결과가 주어지지 않는다는 것을 염두에 두어야겠습니다.

# 욕망에 대하여

〈욕망해도 괜찮아〉의 저자 김두식 교수는 "욕망(色)과 규범(戒)이 충돌하는 매일의 삶은 어떤 소설보다 재미있다"는 화두를 던졌습니다. 그는 욕망을 인정하고 '욕망과의 공존 또는 화해'를 주장하면서 욕망을 억제의 대상이 아니라 건강하게 표출하고 이해해야 할 삶의 친구라고 했습니다. 오히려 그는 "숨 막히는 규범에 억눌려 제때 건강하게 분출되지 못한 욕망은 대개 적절치 못한 타이밍에 비뚤어진 방식으로 터져 나오게 마련이다"라고 주장하여 자연스럽게 받아들여야 할 욕망을 무작정 억누르고 숨기려한다면 오히려 역효과가 나기 쉽다는 결론을 내립니다.

그러나 테네시 윌리암스의 희곡 〈욕망이라는 이름의 전차〉가 던지는 메시지는, 욕망은 삶을 이어가고 발전시키는 원동력이 되기도 하지만, 때로는 삶을 황폐하게 만들거나 파괴하는 힘으로도 작용한다고 하였습니다.

이렇듯 욕망을 무조건 억제해서도 안되지만 조절하지 않으면 불행의 원인을 만들 수도 있습니다. 욕망이라는 이름의 약물은 복용하면 할수록 내성이 생겨서 처음에는 만족감과 행복감을 느끼지만 나중에는 점점 많은 것을 필요로 하게 되어 그의 노예가 될 수도 있습니다.

## 정신없는 전문인과 마음 없는 향락인

지금부터 100년 전 막스 베버는 '정신없는 전문인'과 '마음 없는 향락인'이라는 화두를 던진 바 있습니다. 이 말이 다시 제기된 것은 후쿠시마 원전 사고의 현장을 체험한 재일 한국인 강상중 교수의 저서에서 시작되었습니다.

그는 과학의 법칙보다는 사람이 마음속에 지니고 있는 직관이 더 진리라는 것을 알았다고 말했습니다. 이른바 전문인들은 과학만능주의에 빠져있고, 많은 사람들은 성공과 풍요의 신화에 빠져 낭비와 파괴를 주저하지 않고 있다는 것이지요.

강상중 교수는 인간을 '병든 영혼'의 소유자와 '건전한 마음'의 소유자로 구분하면서 병든 영혼의 소유자들은 '거듭나기를 시도해야 한다'고 주장합니다. 마음이 병을 앓고 난 후에 인생의 새로운 의미와 가치를 찾아야 한다는 것이지요.

막스 베버는 '자본주의정신'을 설명하면서 '자기 직업에 충실한 자를 보았느냐, 그는 왕 앞에 서리라'라는 성경 잠언 구절을 인용하였습니다. 즉 돈벌이나 노동은 수단이 아니라 목적이라고 강조하면서 이것을 자본주의 정신으로 본 것입니다.

한 세기가 지나 막스 베버의 경구가 새로운 의미를 갖는 것은 '우리는 왜 열심히 일해야 하는가'라는 새로운 과제를 우리에게 부과했기 때문입니다.

## 강한 여자의 낭만적 딜레마

서문만 읽어도 전체 내용을 이해할 수 있는 책도 있고 마지막까지 읽어도 저자의 의도를 알 수 없는 책도 있지요. 제목만으로 책의 내용을 축약해서 파악 할 수 있다면 독자로서는 큰 행운일 것입니다.

사회학자 올리히 벡 부부의 〈사랑은 지독한 혼란, 그러나 너무도 정상적인〉이라는 책이 바로 그것입니다. 낭만적인 사랑에는 항상 덫이 있는데, 이러한 고통과 혼란은 지극히 정상적이라는 것이지요.

첫 눈에 반해 사랑을 시작하나 기대감을 충족시킬 수 없고 질질 끌다가 결국 실망만 남는 것이 사랑입니다. 벡 부부는 현대사회의 특징인 개인주의가 사랑을 심화시키지만 그 속성이 사랑을 붕괴시킨다는 모순을 지적하고 있습니다.

이러한 사랑의 모순을 지적한 또 다른 학자인 심리학자마야 스토르히는 자의식이 강하고 매력적인 현대의 '강한 여성'들은 막상 착한 남자보다는 '나쁜 남자'에 빠져 든다고 했습니다.

그는 이런 현상을 '강한 여자의 낭만적 딜레마'라고 설명했지요. 아무리 강하고 당당한 여자라도 사랑 앞에서는매번 허둥대고 실패를 되풀이 한다는 뜻이지요. 이러한 낭만적 딜레마를 딛고 진정한 의미에서 해방된 개체를 찾아야만 멋진 사랑과 삶이 될 것입니다.

## 햄릿과 돈키호테

'To be or not to be'는 아마도 전 세계에서 가장 유명한 독백이 아닐까 생각합니다. 이 문장에 대한 번역도 '사느냐, 죽느냐', '살 것인가, 살지 않을 것인가', '이대로냐, 아니냐' 등 미묘한 차이가 있습니다.

이 말은 햄릿이 삶의 근본적인 문제에 부딪칠 때 마다내 뱉은 독백입니다. 햄릿은 신중하고 치밀한 지성인이라는 평가와 함께 생각이 너무 많아 결정을 못한 우유부단의 전형으로 평가되기도 합니다.

이에 반해 돈키호테는 이룰 수 없는 꿈을 꾸고, 이길 수 없는 적과 싸우며, 잡을 수 없는 하늘의 별을 잡으려고 하는 과대망상의 몽상가로 평가됩니다. 그러면서 도전하는 사람, 꿈을 꾸는 사람이라는 긍정적인 평가도 있지요. 그러나 확실한 것은 햄릿은, 받아들여야 할지 맞서 싸울지 삶의 방식을 두고 치열하게 고민하는 합리적인 사고의 소유자입니다. 돈키호테도 도전정신과 용기 그리고 진정성이 있는 매력적인 인물입니다. 특히 꿈과 이상향을 위해 행동을 아끼지 않는 불굴의 인간형이기도 하지요. 따라서 우리는 '햄릿=우유부단, 돈키호테=과대망상'으로 단순화 또는 희화화하여 단편적인 모습만 보기에 앞서 대립과 갈등 그리고 불균형을 조화시키는 통합적 인간형의 모습을 찾는 것이 더 바람직하다 하겠습니다.

# 왜 글을 쓰는가

부족한 내용이지만 나는 매일 글을 씁니다. 가끔 "매일 글쓰는 것이 힘들지 않느냐"는 질문을 받는데, 그 질문에 "생각을 정리하고 그 정리된 생각을 공개함으로써 스스로의 삶에 제약을 가하고자 한다"고 답합니다.

글을 쓰기 위해서는 책을 읽어야 하고, 사람들과 소통해야 하고, 자연과 사물에 대해서도 통찰력을 가져야 하지요. 거기에서 얻어진 생각을 정리하는 것은 글쓴이의 언행에 그대로 영향을 주게 됩니다. 사실 생각을 글로 정리한다기 보다 글을 씀으로써 생각을 만들어 낸다는 것이 더 맞는 설명입니다.

소설가 공지영씨는 "실제 삶이 글에 영향을 미치는 것이 당연하지만 대개는 글이 거꾸로 실제 삶에 영향을 미친다"라는 말을 한 바 있습니다.

글을 쓰는 것은 힘든 일이기도 하지만 위안을 받기도 하지요. 마음에 떠다니는 상념들을 실타래 풀어내듯 하나하나 글로 정리하다 보면, 생각 속에 있던 부정적인 것들이 긍정적인 것으로 환치되는 것을 경험하게 됩니다. 그러나 글쓰기는 때로는 힘겨운 싸움이기도 하지요. 묘사하려는 대상이 자신의 모습을 숨기려고 저항하기 때문입니다. 아마 제가 매일 글쓰기를 하지 않았더라면 지금보다 욕심이 훨씬 많은 사람이 되어 있을 것입니다.

## 지나간 것은 지나간 것이다

〈멈추어야 할 때, 나아가야 할 때, 돌아봐야 할 때〉라는 비교적 긴 제목의 책이 있습니다. 책을 읽지 않아도 제목이 제시하는 메시지는 분명합니다. 인생은 때로는 멈추고, 때로는 나아가고, 때로는 돌아보라는 것이지요. 일반적으로 멈추고 내려놓으면 잃을 거라 생각합니다. 그래서 움켜쥐고 짊어지면서 힘든 삶을 사는 것이지요.

김난도 교수는 젊은이들에게 "불필요한 껍질을 모두 벗어버리고 진정한 변신을 위해 집중하라"고 했습니다. 따지고 보면 지금까지 쌓아 온 모든 것은 사실은 어줍잖은 기득권입니다.

자신이 연연하던 것을 내려놓으면 새로운 도전이 시작되고 다른 세상이 펼쳐집니다. '지나간 것은 지나간 것'입니다. 아무리 많은 경험을 한 사람이라 하더라도 그 경험에서 얻은 교훈만을 받아들이고 나머지는 내세울 필요가 전혀 없습니다.

거창하게 부와 권력을 추구하는 삶이 아니더라도 일상은 불안하고 복잡하니까 마음이 피곤해 질 수밖에 없지요. 이 원인은 심리적 부담 때문인데 이는 욕심과 집착에서 연유됩니다. 내려놓지 않으면 진정한 내 것을 얻을 수 없습니다. 욕심을 내려놓고, 아파트 정원에 핀 꽃을 감상하고 하늘에 떠 있는 뭉게구름을 바라보는 순간 마음의 풍요와 평화가 찾아오지요.

# 문화자본

프랑스의 사회학자 피에르 부르디외는 자본 형태를 경제자본, 사회자본, 문화자본의 세 가지로 분류했습니다. 경제자본은 현금이나 재산 등과 같은 경제적 자원을 말하며, 사회자본은 인맥을 활용한 자원을 말합니다. 이에 비해 문화자본은 한 개인에게 보다 높은 사회적 지위를 가져다주는 지식, 소양, 기술, 교육 등을 지칭합니다.

문화자본에는 소양과 매너 같은 '체화된 문화자본'이 있고, 예술품, 과학기구 같은 '객관화' 또는 '객체화된 문화자본'이 있으며, 학위증이나 자격증 같은 '제도화된 문화자본'이 있습니다.

우리나라의 경우 1970년대까지만 해도 부모의 경제자본이 자녀의 학업 성취도에 미치는 영향은 크지 않았으나 지금은 전혀 다른 현상을 보여주고 있지요. 서울대 입학생들 부모의 소득, 직업, 거주지를 비교하면 이러한 결과가 확연히 드러나고 있습니다. 강남 8학군이나 특목고 출신이 늘어나고, 사교육이 일류대학 입학과 직접적인 연관이 있어, 대학진학은 '돈에 의해 상당부분 결정된다'는 것이 상식화되고 있습니다.

경제자본 뿐만 아니라 문화자본까지 세습이 되는 모습을 지켜보는 대중들은 상당한 박탈감을 느끼고 있음이 오늘의 현실입니다.

## 욕망은 쉼을 모른다

행복을 이야기하면서 '쾌락의 쳇바퀴(hedonic treadmill)' 이론이 종종 인용됩니다. 1971년 필립 브릭먼과 도널드 캠벨이 처음으로 이 용어를 세상에 소개했지요. 여기에는 두 가지 의미가 내포되어 있습니다.

하나는 '어떤 경험으로 유발된 정서적 상태가 시간이 지나면 결국 제자리로 돌아온다'는 것을 말합니다. 운동기구인 트레드밀 위에서 아무리 달려봐야 결국 제자리인 것에 빗댄 말입니다. 심리학자들이 말하는, 일시적인 변화에도 불구하고 시간이 지나면 제자리로 돌아오는 속성인 '항상성'과도 연결되어 있습니다.

또 다른 의미로는 욕망은 쉼을 모른다는 뜻입니다. 재물이 늘어나면 거기에 만족하지 않고 자꾸 기대치가 높아지지요. 마시면 마실수록 목이 더 타는 바닷물과도 같은 현상입니다.

이게 어디 재물 뿐이겠습니까? 지위와 명성도 마찬가지입니다. 한 자리가 충족되면 거기에 만족할 수 없고 계속적으로 지위가 높아지는 것을 욕구하고 있지요. 그러나 재물과 행복이 상관관계가 없다는 것은 여러 연구에서 밝혀졌고, 지위가 아니라 존경을 추구해야 한다는 것도 공감대를 넓혀가고 있습니다.

누구에게나 욕심은 있으나 '지나친' 욕심은 파멸이나 허망함만을 안겨줄 뿐입니다.

## '연애상담'과 '이혼상담'

나이 때문인지 제자들이나 젊은 친구들로부터 '연애상담' 또는 '이혼상담'이 가끔 들어옵니다. 이에 대해 저의 일관된 주장이 있습니다. 지금 고민하거나 갈등하고 있는 '현실적인 문제'가 있다면 사랑으로 녹일 수 있어야 한다고 조언합니다. 불가능한 것을 가능한 것으로 만드는 것이 사랑의 힘이기 때문입니다. 그럼에도 불구하고 헤어질 수밖에 없다면, 사랑은 헤어지는 과정까지를 포함해야 한다고 말해줍니다. 서로 섭섭해 하고, 원망하고, 네 탓이라고 하며 헤어질게 아니라 정말 괜찮은 사람과 만났었다는 자부심을 가져야 한다고 조언합니다.

사랑은 시작이 있다면 이별의 순간도 찾아 올 수 있고 헤어짐을 심각하게 고민하다가도 다시 회복할 수 있습니다. 사랑했던 사람을 존중하는 것이 자신의 자부심이 되며 사랑했던 순간들을 아름답게 생각하는 것이 자신의 삶을 후회 없이 만듭니다.

사랑하는 사람을 소유하기를 원하는 이기심에서 갈등이 시작되지요. 뿐만 아니라 자신에게 호의적인 반응만을 기대하면서도 상대에 대한 배려는 소홀합니다. 그런데 이것은 사랑이 아니라 집착일 뿐입니다.

위대한 삶에도 재미없는 시기가 있으니 끊임없는 확인과 자극만이 위대함을 만들어 내지는 않습니다.

# 〈안나 카레니나〉를 다시 읽으며

"행복한 가정은 모두 고만고만하지만 무릇 불행한 가정은 나름나름으로 불행하다"로 시작하는 〈안나 카레니나〉는 톨스토이의 대표작 중 하나입니다. '불륜 여인의 자살'이라는 객관으로부터 촉발된 이 작품은 장장 1700여 페이지에 150여명의 인물이 등장하는 서사문학으로 변모합니다. 뿐만 아니라 오늘날까지도 10여 차례에 걸쳐 영화화되는 등, 그 열기가 식을 줄 모릅니다.

작품의 줄거리는 간단합니다. 안나와 그의 남편 카레닌은 모두 완벽한 사람들입니다. 가문이나 인물 그리고 매너까지도 손색이 없지요. 그런데 안나는 남편에 비해 더 낫다고 볼 수 없는 젊은 장교 브론스키를 만나 첫눈에 반해 사랑에 빠지게 됩니다. 그러나 그들은 사고방식의 차이로 불신과 갈등과 증오가 이어지다가 급기야 안나는 죽을 결심을 하고 자살을 하지요.

왜 이 시점에서 이 작품을 소개하는가 하면, 완벽해 보이는 부부도 순간적으로 파국을 맞을 수 있으며, 행복할 줄 알았던 최고의 커플이 막상 어려움을 무릅쓰고 맺어졌지만 실제 삶은 싸움의 연속이었다는 점입니다.

이 작품은 톨스토이의 '위대한 연애소설'이라고 하지만 지금도 우리 주변에 있는 흔하디 흔한 진부한 사랑얘기입니다.

# 양성평등과 출생율

'에이지 퀘이크(age-quake)'라는 말을 들어 보셨나요. 이 용어는 영국의 인구학자 폴 월리스가 고령사회가 몰고 올 충격을 지진(earth-quake)에 빗대어 만들어 낸 말입니다.

얼마 전 인도네시아를 휩쓴 지진의 강도가 7.5였는데 폴 월리스가 예측하는 고령사회가 몰고 올 지진은 2020년 무렵에 9.0으로 예상했으니, 그 충격은 엄청날 것입니다.

고령화 사회는 저출산과 관계가 있지요. 현재 한국의 출생율은 1.05로 세계 최저 수준입니다. 그동안 정부는 출산정책에 막대한 예산을 투입했으나 오히려 뒷걸음질 치고 있지요. 물론 예산투여를 통해 대책을 마련할 수도 있지만 KDI 윤희숙 박사의 분석에 따르면 "선진국에서는 고학력 여성의 출산율이 상승추세에 있는데, 이는 양성평등 원리가 힘을 받았기 때문"이라고 분석하고 있습니다. 즉 고용기회의 증가가 출생율 증가로 이어지는 선순환이 발생하는 것이지요. 따라서 현금이나 이에 준하는 지원으로 효과를 볼 수 있지만 양성평등 원리나 여성 경제활동의 지원을 병행하는 것이 더 큰 효과를 낼 수 있습니다.

양성평등 원리가 하나의 문화로 정착되기 위해서는 당연히 각 분야의 제도와 관행의 획기적인 변화가 선행되어야 하겠지요.

# 아직 때는 늦지 않았습니다

'영원한 문학청년'으로 많은 사람의 사랑을 받던 최인호 작가가 이 세상을 떠난 지 벌써 5년이 되었군요. 지금부터 4년 전, 최인호의 유고집 〈눈물〉이 나왔습니다. 이 책을 출판한 '여백'의 김성봉 대표는 책과 함께 간단한 편지를 보내왔습니다. 그 편지에는 "…형님(최인호)께서 (생전에)통화하고 싶었지만 목소리가 나오지 않아 못 드렸습니다…"라고 쓰여 있었습니다.

오래전에 몇 번 만난 바 있는 저에게 그 정도 인사를 했을 것이라 생각하지 않지만 그 사실 여부가 중요하지 않고, 그 분이 전하는 짧은 말에 많은 의미가 있습니다.

최인호는 죽음을 앞두고 이렇게 기도했습니다.

> '주님 제 허리띠를 묶고 저를 끌고 가소서.
> 저는 눈 먼 자이니 제 뜻과 의지로는 할 수 있는 것이
> 아무것도 없나이다'

〈눈물〉을 읽고서, 목소리가 나오는 한 많은 사람과 통화하고, 소리 높여 노래하며, 앞을 볼 수 있는 동안 많은 사람에게 사랑의 눈빛을 보내자고 다짐했지요.

시인 릴케가 우리를 위로해 준 것처럼 우리는 아직 '차갑게 식지 않았고', 아직 '때는 늦지 않았습니다.' 살아 있는 동안 세상에 작은 위로의 온기가 되고 싶다는 최인호의 내밀한 목소리가 들려옵니다.

# 적당한 결핍이 좋다

행복의 조건은 부와 명예와 권력에 있지 않고 사람의 마음에 있습니다. 그것을 가진 사람은 더 가지고 싶어서 항상 초조하고 불안합니다. 현 상태에 만족할 수 없기 때문입니다. 더 가지려고 무리하고 안달하며 그럴수록 더 불안해지고, 결국 불행해집니다.

법정스님도 "위에 견주면 모자라고 아래에 견주면 남는다. 행복을 찾는 오묘한 방법은 내 안에 있다"고 말씀하셨습니다. 아무리 가난해도 마음이 있으면 나눌 것이 있고 아무리 부자라고 해도 마음이 없으면 혼자만 갖기에도 모자랍니다.

자연의 법칙도 마찬가지입니다. 항상 부족하고 모자란 듯한 상태가 최상일 수 있습니다. 이는 우리의 일상에서도 쉽게 경험할 수 있지요.

공지영은 산문집에서 식물도 자신이 가장 아름다운 모습을 보일 때는 적당히 결핍되어 있는 환경에서라고 하였습니다. 예쁜 꽃을 피워 보려고 물과 영양제를 충분히 주면 오히려 이파리만 무성해질 뿐 어떤 꽃도 피우지 못한다는 것입니다. 피우지 못한다기 보다는 피우려 하지 않을 것입니다.

내가 가진 부족함이 불행의 조건이 아니라 행복의 조건이 될 수 있음은 자연의 법칙이요, 인간의 법칙입니다. 결국 인간의 행복은 지나친 욕심을 버리는 것에서 시작되는 것이 아닐까요.

# 용기 보다는 따뜻한 마음이…

정신과 의사인 빅터 프랭클의 저서에 강제수용소에서 자살한 어느 여성의 이야기가 나옵니다. 자살한 후 그 여성의 유품에서 '운명보다 더 강한 것은 그것을 견디는 용기'라고 쓴 종이 쪽지를 발견했습니다. 용기를 강조했지만 그녀는 자신의 생명을 스스로 버렸습니다. 19세기 독일의 시인인 E 가이젤도 이 여성과 비슷하게 용기를 강조한 바 있지만, 많은 철학자들은 용기에 대해서 냉소적입니다. 용기는 미덕이 아니며 도덕과도 아무런 관계가 없다는 것이지요.

오히려 용기보다는 따뜻한 인간의 마음이 더 중요합니다. 용기를 강조하면서 스스로 목숨을 끊은 그 여성과는 달리, 어느 정신과 의사는 새벽 3시에 이미 자살을 결심한 어떤 여성으로부터 전화를 받습니다. 그런데 의사와 30분 동안 대화를 나눈 뒤 그 여성으로부터 자신의 생명을 버리지 않겠다는 약속을 얻어냅니다.

두 사례는 상이한데, 자살의 경우는 인간의 손길이 없었고 자살을 포기한 경우는 한 밤중에 참을성 있게 그녀의 이야기를 들어 준 의사의 '따뜻한 마음'이 있었다는 차이점이 있습니다.

인생에서는 용기나 의지보다는 일상의 작은 일에 감동을 하고 따뜻한 마음을 느끼는 것이 더 중요하지 않을까요?

# '소확행'의 양면성

'소확행(소소하지만 확실한 행복)'은 새로운 트렌드라고 합니다. 이 말은 1986년 무라카미 하루키가 그의 저서에서 처음 사용한 신조어입니다. 그러나 행복학을 전공한 많은 학자들은 오래전부터 '일상에서의 소소한 행복'을 권고하고 있었습니다.

그럼에도 불구하고 우리나라에서 '소확행'이 새로운 트렌드로 자리 잡는 것은 젊은 세대들의 라이프 스타일의 변화에 있습니다.

젊은 세대들의 혼술, 혼밥 등은 많이 알려져 있지만, 타인과의 접촉을 꺼리는 '언택트', 일과 삶의 균형을 뜻하는 '워라벨', 나만의 공간을 찾는 '케렌시아'등이 라이프 스타일로 자리를 잡고 있는 것입니다.

이러한 '소확행'은 일상에서 소소한 행복을 찾는다는 점에서 바람직한 일로 평가되고 있습니다. 뿐만 아니라 행복은 '즐거움의 강도가 아니라 빈도'라는 행복론에도 부합하고 있습니다.

그러나 안타까운 것은 '나'에 초점을 맞춘 '소확행'은 '나'보다는 '우리'를 강조하는 공동체 의식과는 거리가 멀다는 점입니다.

이렇게 극도의 개인주의적 성향은 경쟁 과잉에서 파생된 폐해 못지 않게 부정적인 것이지요. 그러나 이 또한 사회·경제적 여건에 따라 변할 수 있는 트렌드가 아닐까요?

# 자연과 인간의 합창

등산은 어떤 운동 보다 건강을 강화시켜주지요. 산을 오르내릴 때 신체 각 부위의 근육이 모두 움직이고 심폐기능도 좋아집니다.

일반적으로 날씨가 좋은 봄이나 가을 등산을 선호하지만, 등산을 하다 보면 사계절 모두 각각 특징이 있어 산을 오르는 맛이 다르지요. 꽃향기 맡으며 걷는 봄 등산, 울창한 녹음 속에 강렬한 햇빛 받으며 걷는 여름 등산, 화려하게 펼쳐진 단풍 위에 쉬었다 가는 가을 등산도 좋지만 더운 땀이 얼음이 되고 흩날리는 눈발에 햇살 눈부신 광채를 보며 숲으로 향하는 겨울 등산을 더 좋아하는 알피니스트들도 많이 있습니다.

등산을 통해 땀을 함께 흘리며 만난 사람들, 찡그리며 암벽을 오르다 얼굴을 부딪치면 멋쩍게 웃는 웃음들, 물 한 컵과 사과 한쪽도 나눠 먹는 손길들에는 이해관계가 얽혀 있지 않습니다. 이렇게 자연이나 사람 모두 아름답기만 합니다.

세상에는 따뜻한 사람과 차가운 사람이 있으며, 화려한 사람과 조용한 사람도 있고, 많이 배운 사람과 그렇지 못한 사람도 있습니다. 그러나 이들은 모두 필요한 존재들입니다. 눈과 비, 햇빛과 바람이 한데 어울려 그림을 그려내듯 다양한 사람들이 함께 모여 아름다운 하모니를 만들어내는 것이 우리의 삶입니다.

# 4월의 소망

얼마 전까지만 해도 천변을 걷는 내내 어두웠는데 이제는 출발하는 시간에도 어슴푸레 빛이 열립니다. 천변을 걸을 때 물 소리가 유난히 크게 들려서, 물이 뭐라고 말하는지 징검다리 한가운데로 가서 귀 기울여 들어 보니 "니가 거기 서 있든 말든, 아침이든지 밤이든지 우리는 쉬지 않고 이렇게 흘러간다"고 말합니다.

다시 벤치에 돌아와 잔디를 유심히 들여다보니 얼마 전까지 거북이 등처럼 단단했던 동토에 풋풋한 새싹이 올라오고 있었습니다. 송곳이라도 있어서 길을 터주나 살펴보니 여리디 여린 새순이 제 스스로 솟아오르고 있습니다.

숨이 멈춘 듯 버려져 있던 나목에 물기가 올라오고 온기가 스미니 나무줄기마다 물이 돌고 자기 몸이 터지면서 새싹이 틔워집니다. 정말 자연과 그 안에 살아 있는 생명의 힘은 경이롭습니다.

어느 시인은 '4월은 잔인한 달'이라고 했지만 올해 4월은 죽은 땅에서 아름다운 꽃들을 키워내고 잠든 뿌리를 봄비가 깨우는 생명과 희망의 달이 되었으면 합니다.

이런 신비스러운 자연 앞에서 감탄하고 있을 때 어디선가 새들이 쏟아져 나와 먹이를 찾아 창공을 날고 있습니다.

물과 새싹과 새들을 바라보면서 '잎새에 이는 바람에도' 눈물 흘릴 줄 아는 섬세하고 배려심 많은 사람들이 점점 늘어났으면 하는 간절한 바람이 생깁니다.

# 추상예술의 선구자 고갱

불우하고 고독한 환경 속에서 명작을 낸 예술가들이 많이 있습니다. 작곡가로서 귀가 들리지 않는 고통을 극복하기 어려워 자살 결심을 하고 유서를 썼지만 57세까지 수많은 불후의 명작을 남긴 베토벤, 가장 비참한 생활을 할 때 밤마다 자신을 학대하며 불멸의 실내악곡 아르페지오네를 작곡한 슈베르트, 자기 손으로 귀를 자르고 거처할 곳이 없어 요양원에 들어간 가난뱅이로 37세에 자살로 생을 마감한 고흐 등이 대표적입니다.

이들에 못지않게 폴 고갱도 고향과 가족을 떠나 타이티에서 가난과 우울증에 시달리며 작품 활동을 했지요. 그의 생전에는 작품을 인정을 받지 못하여 자신이 그린 그림을 먹을 것과 맞바꾸곤 했으며 어느 식당에서는 고갱의 데생을 포장지로 사용하기도 했습니다. 그런 고갱이 타이티에서 여러 점의 작품을 그렸는데 최후의 대작은 〈우리는 어디서 왔으며, 우리는 무엇이며, 우리는 어디로 가는가?〉입니다.

그는 자신의 예술을 통해 우리에게 답을 준 게 아니라 질문을 던진 것입니다. 우리는 지금도 그가 던진 근원적인 질문에 답을 찾고 있지요. 생전의 고갱은 자신의 소원을 이루지 못했지만 타계한 뒤 그의 예술혼은 추상예술의 선구자로 다시 태어났습니다.

## 〈아르페지오네 소나타〉를 들으며

이 가을에 가장 어울리는 음악은 슈베르트의 〈아르페지오네 소나타〉가 아닐는지요. 이 곡은 슈베르트가 작곡한 많은 실내악곡 가운데 불멸의 위치를 차지하고 있습니다. 그런데 이 곡을 작곡할 당시 슈베르트는 가장 비참한 생활을 하고 있었습니다. 그래서인지 슈베르트가 남긴 말은 "슬픔으로 만들어진 작품이 세계를 가장 행복하게 하리라고 생각합니다. 슬픔은 이해를 돕고 정신을 강하게 합니다" 였습니다. 〈아르페지오네 소나타〉의 슬픈 첼로 소리가 가슴에 스며들면 슬픔이 아니라 정신을 더욱 강하게 만들 수 있다고 생각을 하니 이 곡이 더 사랑스럽네요.

아깝고 아까운 시월이 중순을 넘어 갔습니다. 단풍은 예고 없이 앞질러 온다고 하니까 내주쯤에는 창밖의 정원이 붉게 물들기 시작하겠지요. 얼마 전까지 나뭇잎들은 파랗다가 검어졌습니다. 이제는 노랑, 빨강으로 옷을 갈아입게 되겠지요. 그리고 잠시만 지나면 낙엽이 되어 땅에 묻힐 것입니다. 이 나무 색깔이 변하는 것처럼 지금 우리의 색깔은 봄인가요? 아니면 가을이나 겨울인가요?

이렇게 살았다가 죽고, 죽었다가 다시 살아나는 계절의 이치는 우리를 숙연하게 만듭니다.

## 환상 속에서 얻는 만족 - 현대판 나르키소스

나르키소스는 투명한 연못에 비친 아름다운 자신의 모습에 마음을 빼앗겨 자신의 모습만 바라보다 죽음을 맞아 수선화가 된 슬픈 이야기의 주인공입니다. 독일인 네케는 나르키소스의 이름을 따서 '자기애'의 의미인 나르시시즘이라는 용어를 만들었습니다. 요즘들어 자신이 사진을 찍고 휴대전화에 뜬 자신의 모습을 관찰하는 사람들을 보면서 현대판 나르키소스를 떠올립니다.

물론 당시의 나르키소스와는 달리 영상의 내가 실제 살아 있는 내가 아니라는 것을 잘 알고 있지요. 그러나 이것이 반복되고 '나를 너무 사랑하면', 가상의 자신과 실제의 자신을 혼동할 수도 있습니다. 이래서 정신분석학에서는 나르시시즘을 자기도취적 성격장애로 규정하지요.

처음 휴대전화가 등장했을 때는 미디어 네트워크를 통한 열린 공동체를 꿈꿨는데, 가입자가 5천만 명을 돌파한 오늘날에는 자신의 셀카 사진을 보고 흥분하고, 형식적으로 눌러대는 '좋아요'에 우쭐대고, 영혼 없는 댓글에 만족하는 나르키소스들이 늘어납니다. 자신인 것 같지만 자신이 아닌 것에 마음을 빼앗기게 되지요.

이렇게 우리 사회는 나르시시즘에 빠져 경청을 어렵게 하고 공동체가 파괴되는 편리성의 댓가를 혹독하게 치루고 있는 것입니다.

## 자본주의 규칙을 다시 쓰는 자

미국의 주류경제학이 학문적·정책적 측면에서 많은 기여를 한 것은 사실입니다. 그러나 시장 경제가 결과적으로 불평등을 심각하게 확대시킨 시점에서 새로운 대안이 모색되어야 할 것입니다.

이는 노벨경제학상을 수상한 세계적인 석학 조지프 스티글리츠 교수에 의해서 제기되었습니다. 그는 〈불평등의 대가〉, 〈거대한 불평등〉에 이어 최근에 〈경제규칙 다시쓰기〉에서, "우리가 지금껏 경제에 대해 알고 있다고 생각한 것은 틀렸다"고 선언합니다.

그가 주장하는 핵심적인 내용은 "시장은 정치에 의해서 규정된다. 경제게임의 규칙은 정치에 의해서 결정되고, 경기장은 상위 1퍼센트에게 유리한 쪽으로 기울어져 있다. 그 해답의 일부는 정치게임의 규칙 역시 상위 1퍼센트에 의해서 규정되고 있다는데 있다"고 진단합니다.

미국의 경우, 부와 인적 자본의 이전, 교육 등을 통해 격차가 더 확대되는 것에서 불평등의 원인을 찾고 있습니다. 따라서 그 해결 방안으로 공정과세, 최저임금 인상, 독점자본의 힘 약화 등 '자본주의 규칙을 다시 쓰는 게 필요하다'고 강조합니다.

미국의 헤지 펀드 매니저 25명이 버는 돈이 전국의 유치원 교사가 버는 돈 보다 많은 현실을 간과해서는 안 됩니다.

## 젊은 생각

젊음의 척도는 체력이나 건강 상태, 그리고 열정이나 패기 등일 것입니다. 그런데 젊음의 요건을 정확하게 설명한 사람은 사무엘 울만으로 그의 시 〈청춘〉에 의하면, 청춘이란 강인한 육신을 뜻하지 않고 풍부한 상상력, 왕성한 감수성, 의지력, 그리고 인생의 깊은 샘에서 솟아나는 참신함을 뜻한다고 하였습니다.

이어령 교수님도 이와 비슷한 말을 하였는데 젊음에는 나이가 없기 때문에 스물이든, 마흔이든, 일흔이든 새로운 것에 목말라하고 궁금해 하며 해답을 찾는 노력을 게을리 하지 않는다면 날마다 새로운 젊음이 탄생한다고 했습니다. 이렇듯 '젊은 생각'은 젊은이들처럼 생각하고 행동하는 것이 아니라, 스스로의 인생을 활기차고 즐겁게 살고 개척해 나가는 것을 말합니다. 그러면서 나와 타인 그리고 세상을 좋은 방향으로 이끌려고 하는 것이 젊은 생각이겠지요.

젊음은 건강의 척도이지만 건강은 몸의 비중이 5퍼센트이고 마음의 비중이 95퍼센트라는 것을 생각하면 젊은 생각의 의미가 보다 확연해질 것입니다. 그러나 튼튼한 체력과 '젊은 생각'은 노력으로 유지할 수 있겠지만 나이와 관계없이 흐르는 물처럼 맑고 깨끗한 눈동자를 가질 수 있을지에 대해서는 고개가 갸웃거려집니다.

## 성장, 더 나은 내가 되기 위한 과정

'성장'은 착한 말일까요? 착하지 않은 성장도 있기 때문에 착하다고만 말할 수는 없겠습니다. 러시아 문학을 전공한 석영중 고려대 교수는 톨스토이 작품을 연구하면서 톨스토이가 '어떻게 살 것인가'라는 물음에 어떤 답을 하였는지를 찾아냈습니다. 그 답은 바로 '성장'이라는 것이지요.

톨스토이는 성장을 '끊임없이 보다 나은 사람이 되어가는 것'이라고 하여 완결된 목표가 아니라 과정이라고 설명하고 있습니다. 그러면 왜 성장을 해야 하는 것일까요? 톨스토이는 성장이 우리에게 기쁨을 주기 때문이라고 답합니다. 일하면서 느꼈던 기쁨, 다른 사람과 소통하면서 느낀 기쁨, 시간과 더불어 살면서 현재에 충실할 때 느끼는 기쁨 등입니다. 이런 기쁨들이 자신을 행복하게 하고 나아가 세상을 아름답게 만들어 주지요.

그러나 성장이 꼭 착한 것만은 아닙니다. 성장을 위한 경쟁은 정신건강을 해칠 수 있고, 친구를 적으로 돌릴 수도 있습니다. 경제적으로도 성장은 절대 빈곤을 어느 정도 해소시킬 수 있으나 상대적 빈곤을 확대시켜 '빈곤은 성장의 그늘'이라는 말이 나오기도 합니다. 그러므로 톨스토이의 지적대로 '지나친' 경쟁이 아닌 '더 나은 내가 되기 위한' 성장을 염원합니다.

## 자기 통제는 의지력이 아니라 전략이다

새해를 맞거나 어떤 불운을 당하면 결심과 다짐을 하게 됩니다. 술을 적당히 마신다, 담배를 끊겠다, 운동을 열심히 하여 몸짱을 만들겠다, 먹는 음식량이라도 줄여 다이어트를 한다는 등 굳은 다짐을 하지만 잘 지켜지지 않습니다. 한 두 번이 아니고 10년째 금주, 금연, 다이어트 등을 머리로만 생각하고 실천에 옮기지 않는 경우도 많이 있습니다. 이는 '자기 통제'에 문제가 있기 때문입니다.

자기 통제는 유혹에 저항하거나, 충동을 억제하는 능력을 말합니다. 즉, 장기적으로 이익을 얻기 위해 현재 자신의 감정이나 욕망을 조절하는 것을 말하는 것이지요.

행동경제학의 권위자인 댄 애리얼리에 의하면 자기 통제가 어려운 이유는, 장기적으로는 훌륭한 목표를 세웠다 할지라도 그것을 이루기 위해 지금 희생해야 할 현실의 대가가 더 커 보이기 때문이라는 것입니다.

그런데 자기 통제는 의지력의 문제가 아니라 전략이 부족하기 때문입니다. 예를 들어, 체중감량을 위해 하기 싫은 운동을 할 때 좋아하는 드라마를 보거나 음악을 들으면 싫증을 약화시킬 수 있고, 치맥이 먹고 싶은 것을 참을 때는 음식에 대한 관심을 분산 시키거나 그 맛이 형편없다고 스스로 단정하는 전략이 필요합니다.

## 정신건강이란

우리는 '정신건강'이라는 말을 자주 씁니다. 그러나 이 말은 단순한 개념은 아니지요. 사전적 의미는 '정신질환이 없는' 상태를 말하나 '건강'과 '질병' 같은 단어는 추상적 개념입니다. 하버드 의대 조지 베일런트 교수는 건강은 '갈등에 영향을 받지 않는 행동으로 현실에 잘 적응하는 것'이라고 말하고 있습니다. 그러면서 그는 정신생물학의 창시자 아돌프 마이어의 주장을 지지하고 있는데, 마이어는 "그 어떤 정신질환도 존재하지 않으며 단지 스트레스에 대한 특징적인 반응패턴이 있을 뿐"이라고 했습니다.

따라서 일부 유전적 결함에 의한 질병은 있으나 신경증, 우울증 및 성격장애 등 '병'이라고 불리는 대부분의 것들은 '삶에 적응하기 위한 내적 투쟁의 외현적 증거'에 불과하다는 것입니다. 대부분의 정신질환은 골절이나 배 아픔의 상태와 유사한 '정상적인 인간의 반응'으로 여기는 것입니다.

이렇게 본다면 정신질환에 대해서 너무 두려워 할 필요는 없습니다. 정서적 고통이 별로 없는 사람은 신체적으로도 건강한 것과 같이 직업적 성공, 훌륭한 결혼생활 등은 정신건강에 긍정적 영향을 주지요. 그래서 정신건강은 스트레스에 효율적으로 적응하여 좋은 정서 상태를 유지하는 것입니다.

# 가난은 누구의 책임인가?

인생에 있어서 가장 어려움은 '가난'일 것입니다. 가난은 굶주림, 아파도 병원에 갈 수 없는 처지, 상대적 빈곤 때문에 아이들에게 주는 상처, 생존의 위협을 받는 열악한 주거환경 등 극단적인 굴욕과 수치심을 느끼게 하지요.

가난의 원인을 사회적 문제로 보는 견해가 있습니다. 미국 작가 바버라 에런 라이크는 가난의 악순환은 실업과 저임금 구조에서 비롯된다고 하였습니다. 반대로 가난의 원인은 개인의 게으름, 무절제, 의욕 상실 같은 내부에서 찾기도 하지요.

빌 게이츠는 가난하게 태어난 것은 당신의 실수가 아니지만 죽을 때도 가난한 것은 당신의 실수라고 하였고, 알리바바 그룹의 마윈 회장은 세상에서 가장 같이 일하기 힘든 사람은 가난한 사람들이라고 했습니다. 빌 게이츠는 '결과적 가난'은 개인의 책임이고, 마윈 회장은 가난한 사람들은 이 핑계 저 핑계로 일을 해태한다고 하였습니다.

이렇게 가난은 당사자 자신의 내부 문제와 사회구조 등 외부 문제가 섞여 있다고 생각합니다. 원인이 어디에 있든 가난 때문에 죽고 싶도록 상처 받는 수많은 사람들이 있기 때문에 국가나 공동체 차원에서 그들을 배려하고 지원하는 사회적 분위기를 조성하는 것은 당연한 의무가 아닐까 생각합니다.

# 돈으로 시간을 사라

사람들은 무심코 자기 자랑을 합니다. 특히 큰 집이나 고급 승용차 같은 소유물이 대화의 주제가 되는 경우가 있는데, 이런 사람을 대개 '속물'이라 말하지요.

최인철 교수를 중심으로 서울대 행복 연구팀은 소비를 '소유 소비'와 '경험 소비'로 구분하였습니다. 전자는 '물건'을 사는 소비를 말하고, 후자는 여행 같은 '경험'을 사는 소비를 말합니다. 그런데 이 연구팀은 일상에서 행복해지기 위해서는 소유보다는 경험을 위해 소비할 것을 권장합니다. 소유는 비교를 유발하지만, 경험은 서로간의 비교를 유발하지 않는다는 점에서 행복감을 더 높일 수 있기 때문입니다.

개인적으로는 소유가 경험보다 더 큰 즐거움을 유발시킬 수도 있겠으나, 사람 관계에서는 소유는 즐거움 보다는 오히려 불쾌감을 줍니다. 소유를 자랑하는 것 보다는 걷고 명상하고 여행하는 소소한 경험을 나누는 '수다'가 우리 모두에게 행복감을 제공하지요.

소유보다 경험이 많은 사람이 더 행복합니다. 따라서 돈을 벌기 위해 눈, 코 뜰 새 없이 바쁜 것도 좋지만 좀 덜 벌더라도, 시간을 자신의 경험으로 바꾸는 것이 훨씬 행복한 삶이지요. 그래서 최인철 교수 연구팀은 행복을 위해서는 '돈으로 시간을 사라'고 권고합니다.

# 죽을 때 가장 후회하는 것들

호주 요양원의 말기 암환자 병동에서 수년간 일했던 간병인 브로니 웨어는 요양원에서 지내는 동안 환자들과 함께 나눴던 사랑과 우정을 블로그에 쓰기 시작했고, 그 내용을 모아 〈죽을 때 가장 후회하는 다섯 가지〉라는 책을 출판하였습니다. 사람들이 죽을 때 어떤 것에 대해서 가장 후회할까하는 것은 모두의 관심사일 수밖에 없습니다. 그가 지적한 '후회목록' 다섯 가지는

첫째, 너무 열심히 일한 것,

둘째, 남들의 기대에 부응하느라 자신에게 솔직한 삶을 살지 못한 것,

셋째, 자신의 감정을 있는 그대로 표현하지 못한 것,

넷째, 옛 친구들과의 우정을 잃은 것,

다섯째, 변화에 대한 두려움 때문에 행복을 위해 더 노력하지 못한 것을 꼽았습니다.

이중에서 '너무 열심히 일한 것'이라는 지적에 가장 공감이 갑니다. 열심히 일하다가 가족에 소홀히 하고, 친구가 멀어지고, 그야말로 자신에 대한 성찰이 부족한 삶을 살았지만, 아마 죽음 앞에서는 남는 게 아무것도 없을 것입니다. 그토록 매달리며 살아왔던 그 모든 것을 죽을 때는 쥘 수도, 가져 갈 수도 없습니다. 죽음을 앞 둔 사람들이 들려주는 후회는 아직 살아 갈 시간이 남아 있는 우리들에게 소중한 선물이 됩니다.

## 의외의 결과가 나와도 '즐겨라'

흔히들 인생을 '직선형'인생과 '회선형'인생으로 구분하지요. 직선형 인생은 어떤 목표를 향해 돌진하는 것이고, 회선형 인생은 시작한 일이라도 아니다 싶으면 그만두고 방향을 전환하는 것입니다.

그래서 일본 사람들을 직선형 인생이라고 하고 미국 사람들은 회선형 인생이라고 하는데, 일본 사람들은 한 번 회사에 들어가면 도중에 그만두지 않고, 배우자도 잘 바꾸지 않습니다. 그런데 미국 사람들은 창업을 했다가도 실패하면 그 경력 자체를 대단한 경험으로 평가합니다.

이런 국민성만이 아니라 개인차원에서도 두 삶의 방식이 대비됩니다. 대표적으로 일본의 야마니카 신야 교수와 마스카와 도시히데 교수를 들 수 있는데 야마니카 교수는 "자기가 원하는 것을 찾으면 돈키호테처럼 한 발 내딛는 게 중요하다"고 하여 직선형 인생을 살았고, 마스카와 교수는 "제 인생은 먼 길로 빙 돌아가고 있고 쓸 데 없는 것에 시간을 낭비하는 것처럼 보인다"고 했을 정도로 회선형 인생이었습니다.

그러나 두 분 모두 최종 목표인 노벨 과학상을 성취해냈습니다. 두 과학자에 의하면 인생의 목표를 이루는 것은 삶의 방식보다는 일을 하다가 의외의 결과가 나와도 '즐기는'자세가 중요하다고 말합니다.

## 행복과 고통은 대칭이 아니다

인간에게는 극단적인 두 가지 상황이 있습니다. 하나는 행복이고 다른 하나는 고통입니다. 누구나 행복을 추구하지만 고통은 멀리하고 싶겠지요. 그러나 철학자 칼 포퍼는 〈열린사회와 그 적들〉에서 행복과 고통은 대칭적인 게 아니며, 행복을 추구하는 것 보다 고통을 피하는 것이 훨씬 중요하다고 주장합니다. 그러나 고통은 피할 수만은 없을 뿐 아니라 오히려 고통이 우리의 생명을 보호하는 요소가 될 수도 있음을 알아야 되겠습니다. 어떤 암은 통증이 없기 때문에 더 무서운데 육체적 정신적으로 고통을 느껴야 치유와 처방이 가능하다는 역설이 성립됩니다.

서울대 손봉호 교수는 이점에 유의하여 개인이나 역사에 어떤 의미를 부여하기 위해서는 반드시 고통의 의미가 있어야 한다고 말했습니다. 우리는 일상에서 역설을 자주 접하게 되는데, 틀렸다고 생각한 것이 맞을 수도 있고, 아프거나 슬픈 것이 때로는 우리를 도와주기도 합니다. 그래서 정호승 시인은 "나는 이제 너에게도 슬픔을 주겠다. 사랑보다 소중한 슬픔을 주겠다"고 했겠지요.

시인이 표현한 것은 다른 사람의 고통을 쓰다듬어 줄 때 그 아픔을 통해 전해지는 슬픔이 세상을 더 아름답게 만든다는 역설이 아닐까요?

# 깨진 유리창 이론

1980년대 초 미국의 범죄학자 조지 켈링과 정치학자 제임스 윌슨은 '깨진 유리창 이론'이라는 명칭을 처음으로 사용했습니다. 그 뒤 범죄학 뿐만 아니라 경영학에 접목되어 큰 호응을 얻은바 있지요. 특히 1994년 뉴욕 시장으로 선출된 루돌프 줄리아니는 범죄와의 전쟁을 선포하면서 깨진 유리창 이론을 적용하여 큰 성과를 거두었습니다.

'깨진 유리창 이론'은 빈집에 돌을 던져 유리창을 깬 동네 아이들은 잠시 후에 다른 아이들과 패싸움을 하는데 주저하지 않고, 그러한 범죄행위는 점점 확대, 재생산된다는 내용입니다.

비즈니스에서도 종업원의 작고 사소한 실수가 기업의 존망에 영향을 주기도 합니다. 화장실이 불결하고 휴지가 없는 작은 일이 그 식당을 망하게 할 수도 있고, 직원의 불친절한 말 한마디가 슈퍼마켓의 매상을 급감시킬 수도 있습니다. 처음에는 하찮은 것, 작고 사소한 것, 잘 드러나지 않는 것처럼 보이지만 한 번 범하면 그 뒤부터는 그 행위가 더 커짐에도 불구하고 무감각해지기 때문에 범행이 반복적으로 지속되는 것이지요.

일상생활에서 경범죄가 발생했을 때 바로 처벌하지 않으면 결국 강력 범죄로 발전한다는 것이 '깨진 유리창 이론'이 우리에게 주는 경고입니다.

# 종교적 언어와 세상적 언어

기독교 신자가 성경의 말씀을 일상의 삶에서 그대로 실천하는 데는 많은 어려움과 갈등이 있습니다. 공자를 비롯한 중국 고전의 가르침을 실생활에서 적용하는데도 똑같은 갈등이 있을 것입니다.

사서삼경의 하나인 서경에서 5복 중에 하나로 '부자로 사는 것'을 꼽고 있는데, 성경에서는 8복 중 하나로 '가난함'을 강조합니다. 이는 상반된 얘기처럼 들리지만, 공자도 '가난하지만 아첨하지 않고', '가난하지만 즐겁고'를 높이 평가한 바 있습니다.

성경에서의 가난함도 세상적 기준에 비추어보면 보잘 것 없고 손해를 보는 것 같지만 성경적인 삶을 사는 사람은 행복한 사람이라고 했지요. 그러나 성경이나 서경 등의 가르침은 종교적 신념과 관계없이 세상에서 폭넓게 수용됩니다. 이는 행복의 요건이 '부'에만 있는 것이 아니라 오히려 '의미' 있는 삶을 더욱 행복한 삶으로 인정하는 데서도 알 수 있습니다.

따라서 가난이나 부자를 이분법적으로 분리할 것이 아니라 가난해도 행복할 수 있고 부자여도 불행할 수 있음을 인정해야 합니다. 종교적 언어와 세상적 언어는 다르기 때문에 문자적 해석을 넘어 그 의미와 정신을 제대로 파악해야 갈등이나 혼동을 막을 수 있다고 생각합니다.

## '위대한' 작곡가 베토벤

베토벤을 악성(樂聖)이라 부릅니다. 성인(聖人)에 이를 정도로 뛰어난 음악가라는 뜻이지요. 그러면서도 그를 천재라고 하지 않고 '위대한' 작곡가라고 합니다. 그것은 어린 시절 모차르트처럼 독창적인 그 무엇을 보여주지 못해서인 것 같습니다.

그는 30세 가까운 나이에 청력이 나빠졌는데 오히려 그때부터 좋은 곡을 쓰기 시작했습니다. 그가 작곡한 '영웅', '운명' 등을 들어보면 '천재적'이라기보다는 훨씬 무게가 있는 '위대한' 음악가라고 표현할 수밖에 없습니다.

작곡가로서 귀가 들리지 않는다는 치명적인 고통을 극복하기 어려워 자살을 결심하고 유서까지 썼지만 그래도 57세까지 살면서 수많은 불후의 명작을 남겼습니다.

소리를 듣지 못해 건반에 귀를 바짝 대고 피아노를 치던 베토벤, 그의 마지막 교향곡 '합창'이 발표되었을 때 청중이 보낸 엄청난 환호와 박수를 듣지 못한 베토벤.

청각장애의 역경을 이겨내고 정작 자신은 마음으로 밖에 들을 수 없는 아름다운 곡을 써낸 위대한 작곡가입니다.

# 인간의 세 가지 가치

빅터 프랭클은 인간의 가치에 대해 깊이 있는 통찰을 한 사람입니다. 그는 3년 동안 아우슈비츠 강제 수용소에 있으면서 수차례 죽음의 문턱까지 갔던 사람입니다. 인간의 가치는 너무나 추상적인 개념이라서 꼭 집어내어 설명하기가 어려운데, 프랭클은 인간의 가치를 세 가지로 잘 요약했습니다.

하나는 창조입니다. 예술적 창조도 있고, 과학적 발명도 있으며, 기업에서의 업적도 있습니다. 창조가 성공과 직결되어 성과주의의 근거가 되기도 합니다.

둘째는 경험입니다. 인간은 크고 작은 경험을 통하여 창조를 가시화할 수 있습니다. 경험과 체험이 뒷받침 되지 않는 창조는 자칫 공허할 수도 있습니다.

마지막은 태도입니다. 태도는 일반적으로는 창조와 경험보다는 비중을 낮게 생각하기 쉽지만 프랭클은 오히려 태도를 더 중시했습니다. 생명이 얼마 남지 않은 환자를 예로 드는데, 그는 스스로 죽기를 결심하면서 의사에게 "선생님은 더 이상 저 때문에 밤중에 일어나지 않아도 됩니다"라는 말을 합니다. 프랭클은 그 환자의 배려하는 태도는 어디에도 비교할 수 없는 '인간적 업적'이라고 높이 평가했습니다.

'인간적 업적'을 쌓아서 가치있는 인간이 되는 것, 삶의 목표 아닐까요?

## 진정한 사업가의 '책임'

대학 3년 중퇴, 20세에 창업, 31세에 역사상 가장 젊은 억만장자, 39세에 세계 최고의 부호에 오르고 4년 연속 세계 최고 부자 자리를 지킨 사람. 그는 바로 빌 게이츠입니다.

여러 면에서 뛰어난 사람이고 많은 선행을 한 빌 게이츠는 '책임'을 가장 중요하게 생각했습니다. 자신의 직원들이나 대중 강연 등에서 책임감을 특히 강조합니다. 그는 자신 소유의 거액의 재산은 자신의 권리인 동시에 의무라고 생각하여 모든 재산을 사회에 환원합니다. 이것이 자신의 책임이라고 생각한 것입니다.

자선사업도 당연히 책임을 이행하는 과정으로 생각해서 그의 막대한 재산 580억 달러를 빌&멜린다 게이츠 재단에 기부를 합니다. 빌 게이츠는 치료 가능한 아이 수백만 명이 허무하게 죽어가는 것을 보고 큰 충격을 받아 그들을 구할 치료약 개발과 보급에 앞장섰습니다.

하버드대 쭈린 교수는 마이크로소프트가 빌 게이츠의 첫 번째 사업이었다면 평등을 실현하고자 한 활동은 그의 두 번째 사업이라고 했습니다.

자선사업은 그의 '책임'입니다. 'Noblesse Oblige'를 실천한 그는 진정한 의미의 사업가입니다.

# 공공투자로 새로운 일자리를

노벨 경제학상 수상자인 조지프 스티글리츠 교수의 '1퍼센트의, 1퍼센트에 의한, 1퍼센트를 위한' 경제라는 말에 모든 사회적 불평등이 집약되어 있습니다. 이러한 불평등을 해소하기 위해 일자리 창출을 해야 하는데 이를 위해서는 '공공투자에 집중' 해야 합니다.

구체적으로는 기간 시설과 테크놀로지, 교육분야에 장기투자를 시행하면, 민간 투자 수익률을 개선함과 동시에 민간 투자를 뒷받침하여 민간 부분을 활성화 한다는 것이지요.

정부가 교육비 지출을 지원하면 수많은 일자리를 지키며 늘릴 수 있고, 고학력 노동력의 확보를 통하여 세계 시장의 치열한 경쟁을 이겨 낼 수 있는 일거양득의 효과라는 것입니다. 그러면서 그는 미국의 재정 긴축 정책에 대해 '병적인 집착'에서 벗어나라고 충고하고 있습니다.

여기서도 재원 확보가 가장 큰 문제인데 스티글리츠 교수는 세금 인상을 주장하고 있지만 일률적인 인상이 아니라 미국 국민 소득 총액의 약 25퍼센트를 가져가는 상위 1퍼센트에 대한 증세를 대안으로 내 놓고 있습니다.

뿐만 아니라 부정적인 외부 효과를 낳는 '나쁜 행위'에 과세를 해야 한다는 것입니다. 예를 들어 환경오염 행위나 경제 안정을 위협하는 금융거래에 대한 과세를 하자는 것이지요.

따라서 부유층에 대한 세금을 인상하고 저소득층에 대한 세금을 인하하면 소비 지출이 늘어나, 결국 경기 활성화에 기여할 수 있다는 선순환 논리입니다.

이러한 조세 방식이 성공하면 생산과 고용에도 긍정적인 영향을 미칠 수 있습니다.

미국과 한국의 경제 상황과 구조에 차이가 있지만 노벨 경제학상 수상자 스티글리츠 교수의 일자리 창출 해법을 유념할 필요는 충분합니다.

# 젊은 사원의 심장을 뛰게 함

일본의 노무라종합연구소는 해외 지점을 포함하여 500여명의 각 분야 전문가들이 근무하는 세계적인 연구기관입니다. 이 연구소에서 몇 년 전에 '젊은 사원의 심장을 뛰게 하는 동기부여 전략'을 제시해서 관심을 끌었습니다. 가치, 기회, 혁신, 커뮤니케이션, 권한위임 접근이 그것입니다.

가치 관점의 접근은 기업의 비전이나 행동철학 등을 공유함으로서 사회 공헌도나 변혁성을 사원이 실감할 수 있도록 하는 경영기법입니다.

기회 관점의 접근은 사원이 회사 일을 하고 급여를 받는 차원이 아니라 회사를 자신의 성장무대로 인식하는 것입니다.

혁신 관점의 접근은 사회에 새로운 것을 제공하는 시도를 통하여 고객에게 놀라움을 주는 행위입니다.

커뮤니케이션 관점의 접근은 모든 사람은 약한 존재이고 능력의 한계가 있기 때문에 서로 지식과 지혜를 결합하여 화학적 변화를 일으키는 것입니다.

마지막으로 위임 관점의 접근은 '일과 삶의 균형' 또는 '업무의 자주성과 자율성을 부여'하는 것입니다.

이상과 같은 5가지 전략은 비단 기업 뿐만 아니라 정부나 교육기관 등 사람들이 함께 일하는 단체나 기관에서 넓게 적용하는 전략으로 권장합니다.

# 내가 아는 단 한 가지

우리는 흔히 저 사람은 '내향적이다' 또는 '외향적이다'라고 규정합니다. 그러나 사람의 평가를 겉모습만으로 해서는 안된다는 점을 염두에 두어야 합니다. 따라서 '내향'이나 '외향'이라는 두 단어로 단정짓기는 어렵습니다.

사실 소심하고 수줍음이 많지만 사자 같은 용기가 있는 사람도 있습니다. 그래서 유명한 철학자들은 반대의 속성 중 어느 하나를 강조하지 않고, 균형있게 비교합니다.

영국의 시인 존 밀턴은 〈사색하는 사람〉과 〈쾌활한 사람〉을 비교했고, 독일 철학자 쇼펜하우어는 〈선량한 사람들〉과 〈지적인 사람들〉을 비교했습니다.

이렇게 정의하기가 복잡하기 때문에 한두 가지 사례로 사람을 평가하고 규정하는 것은 아주 경솔하다는 것을 알 수 있습니다. 또한 본질은 없고 화려한 껍데기만 있는 경우도 많기 때문에 눈에 보이는 겉모습만으로 평가하는 것도 역시 경솔한 짓이지요. 그럼에도 불구하고 모든 것을 다 아는 것처럼 너무 쉽고 단정적으로 사람을 평가하는 분들이 간혹 있는데 이런 분들에게 소크라테스의 경구를 들려주고 싶습니다.

"내가 아는 단 한 가지 사실은 나는 아무것도 모른다는 것이다."

## 복지정책의 이념과 비전

스웨덴을 세계 최고의 복지국가로 꼽을 수 있습니다. 그래서 노무현 정부에서 추진했던 '비전 2030'의 모델이 바로 스웨덴이었고, 문재인 정부의 복지 정책 기조도 스웨덴처럼 '보편적 복지 서비스'의 방향으로 가고 있는데, 옳은 설정입니다.

그러나 스웨덴의 복지 제도가 아무리 바람직하다 하더라도 우리나라의 사정은 크게 다르다는 점을 간과해서는 안됩니다. 일단, 스웨덴은 풍부한 자원을 바탕으로 조기 산업화가 달성되었고, 1950년대부터 복지개혁을 시행하여 높은 세금 부담률에 대한 국민적 합의를 이뤄냈습니다. 따라서 현 시점에서 우리나라가 본받아야 할 점은 구체적인 복지정책 뿐만 아니라 그 이념과 비전이어야 될 것입니다.

스웨덴은 '국가는 모든 국민을 위한 좋은 집이 되어야 한다'는 이른바 '국민의 가정'이 목표이며, '모든 아이는 우리 모두의 아이'라는 생각과 '모든 것은 장애인의 관점에서'라는 비전을 가지고 있습니다. 모든 국민에게 동등한 자유와 권리를 보장하는 복지정책의 구현이 특징입니다.

그러나 세금부담률이나 복지정책 등의 국민적 합의가 이루어지지 않은 우리의 현실에서 구체적인 정책보다는 철학과 이념 그리고 비전을 우선적으로 정립해야 합니다.

# 스티븐 호킹 박사의 경고

아인슈타인 다음으로 세기를 대표하는 물리학자로 알려진 스티븐 호킹 박사는 노르웨이에서 열린 천체우주과학축제에서 "소행성 충돌과 인구증가, 기후변화 등으로 인간이 더 이상 지구에 살수 없게 될 겁니다. 30년 안에 지구를 떠나야 합니다"라는 매우 끔찍한 이야기를 했습니다.

사실 호킹 박사는 2014년도에도 미국 스탠퍼드대에서 '인공지능 100년 프로젝트'를 출범시킬 당시 "인간은 진화 속도에 한계가 있기 때문에, 인공지능의 개발이 인류 멸망을 초래할 것"이라고 '인류멸망'에 대한 경고를 한 바 있습니다.

이에 대해 스탠퍼드대의 동 프로젝트 관계자는 "인공지능의 긍정 또는 부정적 효과 중 한 측면만을 과장하는 경향이 있다"고 지적하면서 "자신들의 연구 핵심은 인공지능에 대해 인간이 통제력을 상실하면 안 된다는 것"이라고 못을 박기도 했습니다.

그럼에도 불구하고 카이스트 김대식 교수가 이야기 한 "사람보다 더 강하고, 똑똑하고, 현명할 미래의 기계를 나약한 인간이 통제할 수 있을까? 또는 인간은 기계를 지배할 자격이 있을까?" 라는 질문에 명확한 답이 없는 것도 사실입니다.

# 일에 대한 명사들의 조언

신디스쿨의 신디 대표는 일에 몰입하는 방법을 설명한 스콧 딘모어의 강연을 소개 했습니다. 〈내가 사랑하는 일을 찾는 법〉의 저자이기도 한 스콧 딘모어는 자신이 하는 일에 만족감이 높고 열정적인 사람들의 공통점은 바로 '자신이 사랑하는 일'을 한다는 것입니다.

따라서 그는 자신이 사랑하는 일을 찾는 방법으로 먼저 '자신의 강점을 찾으라'고 했습니다. 강점을 찾아 그것을 활용하면 스스로를 억제하기 힘들 정도의 에너지가 나온다는 것입니다. 당연히 일을 하는데 몰입과 집중의 수준을 높일 수 있겠지요.

두 번째는 '가치'의 우선순위를 정하라고 권고합니다. 돈과 명예, 아니면 소박하지만 소소한 행복을 원하는가, 안정된 직업, 아니면 좀 불안하더라도 자유와 성취감이 높은 일을 선택할 것인가 하는 우선순위 말입니다. 이것은 오로지 자신의 '솔직한' 선택에 달려 있습니다.

세 번째는 '경험'을 일상에 적용하라고 권고합니다. 우리는 하루에도 몇 번씩 크고 작은 수많은 경험을 하지요. 그런데 대부분의 경험을 아무 생각 없이 흘려보냅니다. 사소한 경험이라도 자신의 일에 적용하도록 의식적으로 노력하면 결과적으로 좀 더 값진 성과를 얻어낼 수 있으리라 봅니다. 무엇을 하든 자신이 진정으로 원하는 것을 찾아내는 것이 일을 하고자 하는 기본자세가 아닐까요.

# 대처와 빌 게이츠

두 중앙 일간지에 상반된 시각의 칼럼과 기사가 실렸습니다. 하나는 '영국 대처 총리 핸드백 속에 있던 경구'를 인용하면서 "임금 주는 사람을 끌어내리는 것으로 임금 받는 사람을 도울 수는 없다"는 것이었고, 다른 신문의 기사는 트럼프의 세제개혁법을 '퇴행적'이라고 비판하는 빌 게이츠의 인터뷰가 그것이었습니다.

빌 게이츠는 "정부는 나 같은 부자들에게 훨씬 더 많은 세금을 내라고 요구해야 한다"고 주장하였습니다. 영국 대처 수상과 빌 게이츠의 주장은 상반되지만 모두 옳은 말입니다.

그러나 신자유주의 경제의 실패로 경제적 불평등이 심화된 현 시점에서도 대처의 처방을 그대로 적용할 수 있는지는 의문입니다. 물론 대처의 감세, 민영화, 노조개혁 정책이 한국 경제에 던지는 함의는 인정할 수 있지만 이미 영국에서조차 대처리즘은 많은 비난을 받고 있지요.

메이 현 총리는 "제한받지 않은 자유 시장을 믿지 않으며, 사회분열과 정의가 아닌 것, 불공정, 불평등을 혐오한다"고 했으며 많은 나라에서 이 기조를 받아들이고 있습니다.

그런 점에서 사회 안정망을 더 강화하고 상위 부자가 더 많은 세금을 내야 한다는 빌 게이츠의 주장이 더 설득력이 있지 않을까요?

## 과학의 하늘에서 빛났던 별, 스티븐 호킹

'과학의 하늘'에서 가장 빛나던 별이 우주로 영원의 여행을 떠났습니다. 루게릭병으로 55년간 병마와 싸운 스티븐 호킹 박사의 생전의 소망은 "우주는 왜 이런 모습이고, 왜 이렇게 존재하는지를 완벽하게 이해하고 싶다"는 하나의 열망이었습니다.

위대하고 비범한 과학자였던 그의 업적은 뒤로 하고 그의 사생활에 잠시 들어가 봅니다. 두 번 결혼을 했는데 첫 부인과 사이에 세 자녀가 있었지만 11년 만에 파경을 맞고 말았습니다. 첫 번째 부인은 호킹을 가리켜 '거대하고 성마른 자아를 지닌 어린애'라고 평가하였습니다.

불륜이라는 의심을 받아가며 결혼한 두 번째 부인으로부터는 학대와 폭행을 당한 것으로 알려져 있습니다. 그러나 호킹은 '정열적이고 열렬했다'고 소감을 말하지요. 천재인 그도 병마 속에서는 지고지순한 사랑을 얻어내지 못했던 것 같습니다.

호킹은 철저한 자기관리를 했다고도 전해집니다. 1시 30분부터 1시간 동안 점심 식사를 하고 4시에는 차를 마시는 등 정해놓은 규칙을 꼭 지키고, 육체적 고통 속에서도 유머감각은 잃지 않았다고 하지요. 비범함의 이면에 보이는 인간적 약점을 보면서 더 큰 연민이 느껴집니다.

# 나는 누구인가

최근 들어 인문학의 중요성이 강조됩니다. 인문학의 가장 기초적인 질문은 '나는 누구인가'이며, 인문학은 이에 대한 성찰이지요. 자아를 찾아가는 여정인 이 질문에 정확한 답을 하기가 어렵습니다.

나치에 저항하다가 순교한 신학자 본 회퍼의 〈옥중서한〉에 '나는 누구인가'라는 시가 나옵니다.

> '… 나는 누구인가? 그 사람 아니면 저사람?
> 오늘은 이 사람이고 내일은 다른 사람인가?
> 동시에 둘 다 인가… 나는 누구인가?
> 외로운 물음이 나를 조롱한다'

이렇게 본 회퍼도 '나는 누구인가'에 대한 대답을 회피합니다. 소크라테스의 '너 자신을 알라'는 말은 '나는 누구인가'의 또 다른 표현이지요. 그도 명확한 답을 하지 않고, '아름다움을 추구하는 인간다운 삶'이라는 극히 추상적인 담론에 그치고 맙니다.

'나는 누구인가'는 '어떻게 사느냐'와 연결되며 그것은 바로 개인의 정체성이 되겠지요. 개인의 정체성은 인류의 수 만큼 많겠지만 지향하는 바는 옳게 살아야 하고, 이웃과 더불어 사는 도덕적인 삶이며, 의미 있고 우아하게 죽는 것까지를 포함할 수 있습니다.

결국 '나는 누구인가'에 대한 정답은 없고, 각자가 만들어 갈 수밖에 없습니다.

## 추상화(化)는 단순화와 통한다

로버트 루트번스타인 부부가 쓴 〈생각의 탄생〉이라는 책이 있습니다. 이 책은 다빈치에서부터 파인먼까지 창조성을 빛낸 사람들의 '생각도구'를 밝혀낸 책입니다. 이들은 13개의 생각도구를 제시했는데 그중 '추상화'에 특히 관심이 갔습니다. '현실이란 모든 추상의 종합'이라는 것이지요.

추상화(化)가 아니라 추상화(畵)의 대가 피카소는 "당신들은 보고 있어도 보고 있지 않다. 그저 보지만 말고 생각하라. 표면적인 것 배후에 숨어 있는 놀라운 속성을 찾으라"라고 했습니다. 그래서 피카소는 눈이 아니라 마음으로 본 것을 그렸다고 하지요.

또 다른 천재인 헬렌 켈러는 "단지 촉감만으로도 세상에는 이렇게 아름답고, 놀랍고, 감동을 주는 것들이 많은데 만일 눈으로 볼 수만 있다면 얼마나 감동을 받을까?"라고 했습니다. 눈이 아니라 촉감으로도 본질과 핵심을 본 것이지요.

그런데 이 천재들은 자신들이 관찰한 것 중에서 가장 중요한 한 가지를 제외하고 모두 다 버림으로써 핵심적 본질만 드러내고 있다고 합니다. 이렇게 사람들은 단순화 과정을 통해서 생각의 힘을 더욱 강하게 발휘할 수 있는데 그 힘은 불필요한 부분을 도려내고 본질과 핵심만을 드러내게 만듭니다.

## 인문학에 빅 데이터를 활용하자

'구글'은 3천 만권의 책을 디지털화 했습니다. 에이든과 미셸은 이 중에서 8백 만권의 책을 추려내어 〈빅 데이터 인문학 : 진격의 서막〉이라는 책을 출판했는데 전 세계 인문학계를 발칵 뒤집어 놓았습니다. 빅 데이터 활용의 초보단계에 있는 한국의 인문학계에도 큰 자극을 주었지요.

빅 데이터가 취합한 정보의 양은 상상을 초월합니다. 현재 세계적으로 한 사람이 연간 만들어 내는 데이터의 양이 1테라바이트라고 하는데, 이는 약 8조 개의 '예-아니오' 질문과 맞먹는 양입니다. 빅 데이터를 사용해서 '수백 만 명의 이동경로'를 추적할 수 있고, 투표율을 높이거나 당선자를 예측할 수도 있으며, 질병의 조기경고는 물론이고, '좋은 선생님'의 역할도 예상할 수 있습니다.

빅 데이터는 인문학 주제인 인간의 심리나 행동을 설명하는 일을 좀 더 '과학'에 가깝게 만들고 있습니다. 우리나라 대표적 빅 데이터 전문가인 (주)다음의 송길영 부사장은 빅 데이터를 통해 '수백, 수천 년간 인류가 품어 온 욕망의 누적'을 이해할 수 있기 때문에, 인문학과 기술이 만난다면 좀 더 높은 수준의 협업이 가능해질 것이라고 주장합니다. 데이터 가공 능력에 인문학적 통찰을 더하는 것을 말하지요.

# 진리에 복종하라

진리의 사전적 의미는 '참된 도리' 또는 '바른 이치'를 말합니다. 또한 진리는 종교 또는 학문과 긴밀하게 연결된 개념이기도 합니다.

한동일 변호사의 〈라틴어 수업〉에 의하면 종교를 '한 무리의 사람들이 휴식을 취하는 정원과 같다'고 했는데 모든 종교를 통틀어 일컫는 큰 정원이 있지만 각각의 종교를 나누어 말할 수 있는 작은 정원도 있습니다. 당연히 작은 정원에서 추구하는 진리는 각각 다를 수밖에 없겠지요.

한편, 진리는 중세 이후에 설립되는 대학의 모토가 되기도 했습니다. 하버드대의 표제어는 '진리', 예일대는 '빛과 진리', 서울대는 '진리는 나의 빛', 서강대는 '진리에 복종하라'입니다. 대학은 진리를 추구하는 전당이 되어야 한다는 의미에서 진리가 사용되고 있는 것입니다.

성경에는 '진리가 너희를 자유롭게 할 것이다'라는 말씀도 나와 있고, 공자는 진리를 '도'로 표현하면서, '아침에 도를 알면 저녁에 죽어도 좋을 것'이라고 했지요.

사람은 누구나 참되게 태어나서 처음에는 진리의 모습으로 사는 듯 보이나 '나'를 강조하고 '내 것'을 챙기다 보니 차츰 진리를 잃어버리고 가짜의 삶을 살아가는 것 같습니다. 진리에 복종하여 진짜의 삶을 살아야 하는 것이 시대의 요청입니다.

## 행복지수 1위 덴마크, 이혼율은 45%

덴마크를 14번이나 방문한 바 있는 오마이뉴스 오연호 사장을 인용하여 덴마크인들을 행복하게 만드는 핵심 키워드 여섯 개를 소개한 바 있는데 오늘은 좀 구체적인 설명을 하겠습니다.

첫째는 '자유'입니다. 덴마크의 초중등학교 과정에서 점수를 매기는 시험이 없고, 등수도 없으며, 상을 주지도 않는다는 점을 들어 '스스로 선택해서 즐겁다'는 것입니다.

두 번째는 '안정'입니다. 병원 진료비가 평생 무료이고 교육비도 대학까지 무료이며 자신이 좋아하는 일을 쉽게 찾을 수 있어 대부분의 사람들이 안정을 누립니다.

세 번째는 '평등'입니다. 어떤 직업이든 차별이 없기 때문에 자기 직업에 대한 자부심이 강합니다.

네 번째는 '신뢰'입니다. 초등학교 중 모든 학생을 3~9년간 같은 사람이 담임을 맡습니다. 학생, 학부모와 교사들은 서로 신뢰하고 있어 신뢰사회 기반 마련의 틀이 되어줍니다.

다섯 번째 '이웃'입니다. 인구의 35%가 협동조합에 참여하고 촘촘한 사회안전망으로 이웃 간에 서로 외로움을 막아 줍니다.

마지막으로 '환경'입니다. 직장인의 35%가 자전거로 출퇴근하고 에너지 자급률은 100%에 도달할 정도입니다.

하지만 이렇게 개인의 선택을 존중하는 행복지수 1위 덴마크의 문화는 이혼율 45%라는 극단적인 결과를 보여주기도 합니다.

# 청년실신

현재 청년실업률(15~29세)은 11.6%이며, 50만 명을 넘었습니다. 그래서 청년들은 기약 없는 취업준비와 불안한 일자리 때문에 '청년실신' 상태에 빠졌다고 하지요.

청년실신이란 청년 대부분이 졸업 후 실업자나 신용불량자가 된다는 뜻입니다. 이제 청춘의 특권이던 '꿈과 낭만'은 사치스러운 단어가 되었습니다.

그러나 청년들은 용기를 가져야 합니다. 청년들이 가진 창조적 에너지와 상상력이 암울한 현실 속에 함몰되지 않도록 신발끈을 다시 동여매야 합니다.

박노해 시인은 청년들이 '자꾸 쓰러지는 것'은 '꼭 이룰 것이 있기 때문'일 것이라고 했지요. 일찍이 니체는 '살아야 할 이유가 있는 사람은 그 어떤 것도 견딜 수 있다'고도 말했습니다.

청년 실업의 근본 원인을 해결 하는 데는 정부와 기업의 노력이 우선적으로 필요하나 청년들도 정신적 지평을 확장해야 합니다. 우리나라는 취업난 뿐만 아니라 구인난도 심각해 합쳐지지 않는 물과 기름의 관계입니다. 청년들은 열악한 중소기업을 기피하여 청년직원을 구하기가 어려운 현실 때문이지요.

이러한 노동시장의 이중구조를 해결하기 위한 정부의 노력과 함께 '쉬운 것을 찾는' 청년들의 안일한 생각도 바꿔야 한다고 생각합니다.

# 3

# 사고의 틀을 바꿔라

# 오래된 미래

'오래된 미래'

얼핏 들어선 이해하기 어려운 이 말은 사회운동가인 헬레나 호지 여사가 쓴 책의 제목으로 모순어법을 사용한 것이지요. '침묵의 소리'같은 표현처럼 수식어와 명사가 모순되는 어법은 우리를 더 깊고 넓은 성찰로 이끕니다.

'오래된 미래'는 미래로 가는 길은 오히려 오래된 과거로부터 찾아야 한다는 뜻이지요. 호지 여사는 인도 북부의 행복한 나라 라다크가 '개발'이 시작되며 전통과 평화롭던 공동체가 파괴되는 게 안타까워 방법을 찾던 중, 실은 미래의 대안이 이미 오래전부터 존재하고 있음을 깨닫습니다.

아무리 화려한 개발성과가 우리 눈앞에 펼쳐진다 하더라도, 사람과 자연, 사람과 사람 사이의 조화가 깨지는 삶은 피폐해질 수밖에 없지요.

50년간 세계 여러 나라의 전통사회를 연구한 재레드 다이아몬드 교수도 그의 연구가 최종적으로 도착한 곳은 오늘이 아니라 어제라고 말하고 있습니다. 그래서 호지 여사가, 세계화로 전통적인 지혜를 잃어가는 세상을 향해 던진 물음은 앞으로도 내내 유효할 것 같습니다.

## 링컨 따라하기

그는 초등학교를 9개월 밖에 다니지 못했습니다. 두 번이나 사업에 실패하여 그 빚을 갚는 데만 무려 17년의 세월이 걸렸습니다. 그는 크고 작은 선거에서 7번이나 낙선을 했습니다. 그는 어렸을 때 어머니를 잃었고, 누나도 잃었고, 약혼자도 잃었고, 결혼해서는 두 아들마저 잃었습니다. 이렇게 실패와 불행의 연속이었던 삶을 그는 승리와 영광의 삶으로 바꿔 놓았습니다.

톨스토이는 그를 '예수의 축소판'이라고 했으며, '인류 역사상 가장 위대한 성자로 영원히 기억할 것'이라는 극찬도 하였습니다.

그는 바로 에이브라함 링컨입니다.

지금 그의 젊은 시절처럼 좌절감과 실의에 빠진 분들이 있다면 바로 그 사나이를 생각해 보십시오. 그가 평생 실천했던 수치심과 수모를 참아낸 인내, 정적에게 베풀었던 관용, 어린아이의 지적에도 귀를 기울였던 섬세함, 항상 사회적 약자 편에 섰던 연민, 그리고 언제 어디서나 겸손하고 진정성을 가졌던 그의 삶을 따라해 보세요.

지금의 좌절과 실의, 쉽지는 않겠지만 극복할 수 있습니다.

# 교육은 핀란드처럼

평범하기 그지없는 작은 나라 핀란드는 교육 하나로 세계 최고가 된 나라입니다. 핀란드는 '덜 가르칠수록 효과적이다'라는 신념을 바탕으로 미국 등 다른 나라와는 질적으로 다른 정책을 펴고 있습니다.

국제 교육계에서는 '핀란드 교육의 세 가지 역설'을 높이 평가합니다.

첫 번째는 '적게 가르쳐야 많이 배운다.'

두 번째는 '시험이 적을수록 더 많이 배운다.'

세 번째는 '다양성을 확대해 형평성을 높인다'는 것입니다.

이러한 교육개혁의 핵심은 무엇보다도 '우수한 교사들의 끊임없는 헌신'이었습니다. 핀란드 국민들은 교사의 권위를 인정하고 학교 교육 만큼은 교사의 전문가적 통찰과 판단을 절대적으로 신뢰하지요.

이에 비해 우리나라는 미래에는 쓸모가 없어질 정보 암기 교육이 너무 많고, 대입 성과에 치중한 나머지 공교육은 점점 더 황폐화되고 있습니다.

매일 늦은 밤까지 학원과 과외수업에 찌들어 어깨가 축 늘어져 있는 아이들의 모습을 가슴 아프게 바라보면서 지금이라도 획기적인 교육개혁에 시동을 걸라고 강력히 주장합니다.

# 사고의 틀을 바꿔라

몇 년 전 노벨상 수상 과학자 일곱 분의 얘기를 들을 기회가 있었습니다. 그들은 아시아 각국에서 모인 250명의 과학영재(18세~22세)들을 지도하기 위해 대전에 온 것입니다.

그때 참가 학생들과 만찬을 하면서 일곱 분이 각자 간단히 인사말을 했는데, 그들의 얘기를 듣고 깜짝 놀랐습니다.

한 사람은 "학생 여러분! 선생님의 말을 듣지 마세요."

또 다른 사람은 "내가 학교 다닐 때는 숙제를 한 번도 한 적이 없습니다"라고 한마디씩 이야기했습니다.

이는 아마도 '사고의 틀을 바꿔라', '마음대로 하게 자유를 줘야 창조적인 무엇이 나올 수 있다'는 의미를 내포한 역설적인 표현이었을 겁니다.

몇 년 전 일이지만 아직도 귀에 맴도는 몇 개의 단어가 있습니다. 자유, 창의, 자율, 발상의 전환, 창조적 일탈…

앞으로 변화가 요구되는 우리나라 교육현장에서 구현되어야 할 단어들이며, 바로 이것이 최고의 과학자나 예술가를 키우는 핵심적인 개념들일 것입니다.

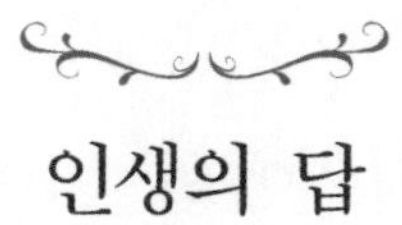

# 인생의 답

강단에서 학생들을 바라보면 수많은 학생들의 얼굴이 모두 다릅니다. 아마 살아온 환경도 다 다를 것입니다. 물론 성격도 다르겠지요. 그런데 이 학생들 뿐 만 아니라 유전적, 환경적 조건이 똑같은 일란성 쌍둥이의 운명도 똑같지 않습니다. 따라서 모든 사람에게 일반적으로 통용되는 인생의 답은 있을 수 없습니다.

자연도 마찬가지입니다. 단 한 번도 같은 날씨를 반복한 적이 없습니다. 똑같은 날씨처럼 느껴지지만 사실은 다른 날씨지요. 그래서 원로 철학자 박이문 교수는 어느 인터뷰에서, '인생의 답을 찾아 평생 헤맸지만 결국 답이 없다는 답을 얻었다'고 했습니다.

그러나 인생의 답은 스스로 만들어 가야 합니다. 답을 찾아가자는 뜻입니다. 시기를 막론하고 인생에 대해 사색하고, 예측하고, 설계를 하다보면 인생에 대한 보다 나은 해법이 나오고 좌표를 설정할 수 있을 것입니다.

빅터 프랭클 교수는 인생이란 '인생 쪽에서 던져오는 다양한 물음에 대해 내가 하나하나 답해가는 것'이라고 했습니다. 이렇게 답해가는 것이 쌓여 우리의 인생은 만들어지겠지요. 인생이 던지는 물음에 신중하게 답을 해야 하는 이유입니다.

# 김연아의 인품

'2016 스포츠 영웅' 명예의 전당 헌액식에 참석한 피겨 여왕 김연아는 기자들로부터 '늘품체조'시연회 불참과 광복절 행사 당시 박근혜 대통령의 손을 뿌리쳤다는 상황에 대해 질문을 받았습니다. 그녀는 늘품체조와 관련해서는 '행사자체를 자세히 모르고 있었다'고 대답했고, 광복절 행사건에 대해서는 '아무리 버릇이 없다고 해도 어른의 손을 뿌리치지는 않았던 것으로 기억된다.'고 설명했습니다. 난처한 질문에 대한 현명한 답이었습니다.

김연아에게는 또 다른 일화도 있지요. 지난 2014년 동계올림픽에서 석연치 않은 판정으로 금메달을 놓쳤을 때, 아무런 아쉬움이나 불만도 표출하지 않고 그 결과를 담담하게 받아들였습니다.

"성적이 늘 기대하는 대로 나오는 건 아니잖아요. 받아들여야죠. 1등은 아니었지만 할 수 있는 건 다 보여준 것 같아서 기분이 좋아요."

이것은 바로 김연아 선수의 인품의 반영이며 여유와 자제력, 다름을 인정하는 관용이 평소 언행으로 표현된 것입니다. 이런 김연아 선수의 태도를 배운다면 품격이 좀 높아지지 않을까요?

# '참삶'의 나이를 세어보아요

나이에 따라 느낌이 달라 어렸을 때는 한 살이 더해지는 것이 못내 자랑스러웠으나 어른이 되어서는 세월의 빠름을 안타까워 합니다.

나이는 시간을 기준으로 세는 것이 당연하지만 사실상 건강을 기준으로 파악할 수도 있고, 정신연령과 경험을 더 중요하게 생각하기도 합니다.

그런데 세계적인 장수마을로 꼽히는 터키의 악세히르 마을 사람들이 묘비에 새기는 나이는 특별합니다. 그들은 오래 산 것을 중요하게 생각하지 않고 자신이 오늘을 정말 잘 살았다고 생각할 때 마다 자기 집 문기둥에 금을 하나씩 그어 놓았다가 나중에 묘비에 그 숫자를 쓴다고 합니다. 3, 5, 8, 10 등이 쓰여 있고 가장 많은 숫자는 20이랍니다. 여기에 쓰여 있는 묘비의 숫자가 '참삶'의 나이라는 것이지요. 사실, 나이와 건강에 함몰된 삶이라는 것은 크게 의미가 없고 오히려 공허할 따름입니다.

오늘부터라도 태어난 시점에 매이지 말고 특별한 날이라고 의미를 부여할 수 있는 '참삶'의 나이를 세어 볼 수 있다면 한결 보람 있고 의미 있는 삶이 되지 않을까요.

# 아포리아 시대

고대 그리스에서 만들어진 '아포리아(aporia)'라는 개념은 '통로나 수단이 없는 상태' 또는 '해결 방안이 없는 심각한 난관'을 뜻합니다. 이는 위기보다 더욱 심각한 상태로 어떻게도 할 수 없는 '길 없음'을 의미합니다.

언젠가 연세대 김상근 교수가 지금의 대한민국을 '아포리아'라고 규정했을 때, 그것을 인정하고 싶지 않았습니다. 2500년이 지난 지금, 정치와 경제제도, 시민의식이 많이 변했는데 그 당시 개념을 그대로 적용하는 것은 무리가 있다고 생각했기 때문입니다.

그러나 요즈음 사태를 지켜보면서 솔직히 우리가 '아포리아' 시대를 맞지 않았나 하는 자괴감이 듭니다. 우리 국민은 위기를 극복하는 저력이 있기에 현재의 정치적 혼란은 수습할 수 있을 것이나 이 사태가 수습된다고 하더라도 근본적인 문제가 해결되는 것은 아닙니다. 시간이 걸리더라도 중장기적으로 통치자는 원칙, 시민은 절제가 일상화되는 '시민의 지혜'를 찾아내어 발전시키는 대책이 필요합니다.

민주주의는 '시민의 지혜'를 요구하고 있기 때문입니다.

## 열정과 겸허함의 결합

여러 학자들에 의해 〈그릿(Grit)〉이라는 저서가 여러 권 나와 있습니다. '그릿'은 '열정적인 끈기'를 말합니다. 역사적으로 큰 업적을 남긴 위인이나 성공을 거둔 기업은 대체로 '열정과 집념이 있는 끈기'를 가졌다는 것이 이들의 연구 결과입니다.

성공을 결정짓는 가장 중요한 요소는 재능이나 부모의 경제력 같은 외부적 조건이 아니라 불굴의 의지, 즉 '그릿'이라는 것이지요.

그런데 〈좋은 기업을 넘어 위대한 기업으로〉의 저자 짐 콜린스가 이끄는 연구팀은 이러한 위대한 기업이나 리더는 '열정' 뿐만 아니라 여기에 '겸허함'을 결합시켜야 만들어질 수 있다는 점을 밝혀내고 있습니다. 사실 열정과 겸허함은 모순적인 특성입니다. 겸허함은 스스로 자신을 낮추고 비우는 태도이기 때문에 열정과는 상반됩니다. 그래서 이 모순되는 두 특성을 융합하여 '새로운 특성'을 만들어 내는 것이 필요한데 이것을 융합할 수 있는 것은 용광로 밖에 없습니다.

열정과 겸허함을 뜨거운 고열로 융합시키는 용광로는 절제와 관용, 그리고 자기성찰을 통하여 만들어낼 수 있습니다.

# 영웅의 양면성

서양 속담에 '가신(家臣)'으로부터 존경받는 영웅은 없다'라는 말이 있습니다. 영웅은 많은 사람으로부터 존경을 받는데 오히려 가장 가까이 있는 가신으로부터 존경을 받지 못한다면 큰 모순이 아닐 수 없습니다. 영웅의 위선적이고 군자다운 모습이 아주 가까이에서 궂은 일 마다 않고 보좌하는 가신에게는 많은 실망을 줄 수도 있다는 말이겠지요.

역사적 영웅들의 이중적 사례를 보면, 중국의 마오쩌뚱(毛澤東)은 진정한 영웅이고 민중을 사랑한 지도자로 평가 받고 있지만 자신의 비판자들을 수십만 명 숙청하였습니다.

역시 중국의 대표적 명군으로 추앙을 받는 당태종 이세민도 위증이라는 그의 신하로부터 이중성에 대해 비판을 받았습니다.

미국의 J.F. 케네디는 존경받는 대통령이었으나 여배우 마를린 먼로와의 불륜설도 있었고, 모범가장이라는 그의 이미지는 허상이었다는 평가도 있습니다.

마를린 먼로와의 추문에 대해 미국의 언론은 '미국도 잘못이 있고 영웅도 결점이 있다'고 보도했는데, 이것은 미국인의 자존심이었을까요, 아니면 사자(死者)에 대한 예우였을까요?

# 모든 고통은 개별적이다

죽음의 예찬자인 소크라테스는 '우리는 육체의 감옥에 갇혀 있다'는 유명한 말을 남기고 홀로 독배를 마셨습니다. 죽음에 관한 자신의 태도와 생각이 어떻든지 간에 죽음은 홀로 맞이할 수밖에 없습니다.

감기에 걸렸거나 암에 걸린 환자가 병원에 가면 의사들은 그 병에 관한 일반화된 증상과 치료방법을 이야기합니다. 과학적이고 객관적인 사실을 말하는 것이지요. 그러나 환자 본인의 입장에서는 나만의 감기, 나만의 암이고, 나만의 고통입니다.

자녀가 대입 수험생으로 힘든 시간을 보내는데 부모나 선생님이 '너만 힘들어? 너 같은 수험생이 수없이 많이 있어'라고 말한다면 그 자녀에게는 아무런 위로가 되지 않을 것입니다. 수험생마다 '개별적인 고통'이 있기 때문이지요.

서울대 종교학과 유요한 교수는 이러한 고통이나 죽음의 '개별성'을 강조하면서 김훈의 소설 〈칼의 노래〉를 인용합니다. '죽음은 끝내 소통되지 않는 자기의 몫이었다'고.

수많은 사람들이 함께 고통을 당하거나 죽임을 당한다 하더라도 그것은 다 같을 수 없고 나만이 겪는 '개별적인' 것입니다. 홀로 맞이하는 것입니다.

## 연령차별 없애기

노인의학 전문의 로버트 버틀러는 1969년 '연령차별(ageism)'이라는 용어를 처음 만들었는데 우연히도 그 해에 '성차별'이라는 용어도 처음으로 등장했습니다.

연령차별은 사람의 나이에 근거한 차별 또는 고정관념을 말합니다. 개인에 따라 다소 차이는 있겠지만 나이가 들면 체력이나 피부의 탄력 뿐만 아니라 기억력이 떨어집니다. 그러나 노인들이 청년이나 중년보다 정신적으로 더 건강하고 사고력도 풍부한 것으로 발표된 사례도 있고, 70대 보다 80대가 훨씬 즐거웠다고 회고하는 노인들도 적지 않습니다.

연령차별은 인종차별이나 성차별과 같이 사회적으로 구축된 개념으로 집단 간의 불평등을 정당화 시키는데 활용되기도 합니다. 우리는 인종차별, 성차별, 장애인 차별에 대해서는 범죄로 인식하면서도 연령차별에 대해서는 상대적으로 무관심합니다. 나이가 너무 어리다고 무시하는 것이 온당치 않듯이 그 반대의 경우도 마찬가지입니다.

장수시대를 맞아 연령차별에 종지부를 찍는 일은 모두에게 유익한 가치입니다.

"우리 안에는 우리가 살아온 모든 나이가 들어 있습니다."

## 건강한 공동체 형성

전 세계적으로 빈부격차나 사회적 불평등을 해소하는 것은 가장 중요한 과제입니다. 그러나 지구 상 어느 나라에서도 완벽한 공정분배를 이뤄내지 못하고 있습니다. 물론 공정한 분배를 위한 정책적 시도는 당연하지만, 이를 부분적으로라도 보완하기 위해서는 공동체 제도들의 재건과 강화에 중점을 두어야 합니다.

이러한 시책의 하나로 개인소득과는 관계없이 상하계층이 두루 이용할 수 있는 질 좋은 시설을 확대할 필요가 있습니다. 도서관, 공원, 문화센터, 시민대학, 스포츠 시설, 청소년 교육 및 여가시설, 편리한 대중교통 체계 등을 상하가 같이 활용한다면 공동운명체라는 의식이 강화될 것입니다.

신뢰가 경쟁력이라는 원칙과, 시민 개개인은 미약하지만 공감과 연대를 통해 연결된 시민 다수는 무한한 능력을 가지고 있다는 신념을 바탕으로 건강한 공동체를 형성하는 것이 무엇보다도 중요하지요.

그 일환으로 '사회적 자본'을 확대하여 공동체 문화와 관행을 바꾸는 일이 필요한데, 이는 시간이 많이 소요되는 일이기 때문에 정부와 시민운동 차원에서 지속적인 노력을 해야 합니다.

## 당신은 제법 괜찮은 사람입니다

한 때 유행하던 '소통'과 '힐링'이 가고 '자존감'이 화두가 되었는데 이것을 이끈 사람은 '자존감 트레이너'를 자처하는 정신과 전문의 윤홍균 박사입니다.

그는 최근 저서를 통해 "진짜 행복은 튼튼한 자존감에서 나온다. 건강한 자존감이야말로 요즘처럼 혼란한 시대를 살아가기 위한 가장 강력한 무기"라고 주장합니다.

자존감이 올라가면 감정, 생각, 행동에 영향을 미쳐 자신감, 자기애, 삶의 만족도도 저절로 올라간다고 합니다.

이러한 자존감은 사랑에도 직접적인 연관이 있지요. '사랑받을 자격을 의심하는 사람', '끊임없이 묻고 확인하는 사랑', '이별이 무서워 떠나지 못하는 사랑', '미움 받을까 두려워 자신을 포장하는 사랑'을 하는 사람은 자존감을 점검해 봐야 합니다.

또한 사회가 불안하다보니 자기 자신을 못났다고 생각하는 자존감 붕괴현상이 심각한데, 이는 어느덧 사회문제가 되었습니다. 따라서 우리는 자신이 사랑받을 만한 가치가 있는 소중한 존재이고, 어떤 성과를 만들어낼 만한 유능한 사람이라고 믿는 자존감 회복이 필요합니다.

'당신은 제법 괜찮은 사람입니다'

# 용서, 정신적인 자유로움

'용서하라'는 말을 쉽게 하지만 실제로 용서처럼 어려운 일이 없습니다. '나를 배신한 사람', '사람으로서 차마 할 수 없는 짓을 나에게 했던 사람', '자신의 부모를 욕되게 한 사람'을 용서하는 것이기 때문입니다.

그러나 용서를 해야 합니다. 많은 사람들이 용서에 대한 글을 썼지만 혜민 스님의 용서에 대한 시(詩)가 상당히 설득력이 있습니다. 혜민 스님은 "절대로 쉽지는 않겠지만, 자꾸 억울한 마음이 들겠지만, 지금도 울컥울컥 올라오겠지만" 그 사람이 아닌 나를 위해서 그 사람을 용서하라고 했습니다.

누구를 미워하면 그 사람을 닮아간다고 합니다. 시집살이를 많이 한 며느리가 그 시어머니를 닮는다는 말이 있습니다. 미워하면 그 대상을 마음 안에 넣어두기 때문에 그 사람을 욕하면서도 그 사람이 한 행동을 따라하는 것이지요.

용서는 포기가 전제되어야 합니다. 분노나 미움을 포기해야 하는 것이지요. 그래서 용서는 단지 자신에게 상처를 준 사람을 받아들이는 것만 의미하지 않고 영혼을 갉아먹는 분노나 미움의 감정에서 스스로 벗어나 정신적인 자유로움을 얻는 것입니다.

# 미래보다는 현재

한때 비즈니스 실용서들의 경향은 '현재 보다는 미래'를 지향하고, 이에 대비할 수 있는 방법론을 소개한 책들이 주류를 이루었습니다. 과거와 현재 보다는 미래에 훨씬 많은 기회들이 놓여 있다는 전제에서 나온 말입니다.

그러나 엄밀하게 따지고 보면 과거는 '이미' 없고 미래는 '아직' 없습니다.

앙드레 지드도 삶은 현재 순간들의 지속적인 일어남이기 때문에 결코 미래 속에서 답을 찾으려 하지 말라고 했습니다.

광고인 박웅현씨도 삶은 순간의 합이지, 결코 경주가 될 수 없다면서 순간순간 의미를 부여하면 의미 있는 삶이 될 거라고 했지요. 현재의 상황에서 무엇이 최선인지 생각하고 실천한다면 그것이 미래를 만드는 것입니다.

톨스토이의 유명한 '세 가지 질문'이 있지요. 이 세상에서 가장 중요한 시간은 바로 '현재'이고, 가장 중요하고 필요한 사람은 '현재' 당신이 대하는 사람이며, 이 세상에서 가장 중요한 일은 '현재' 당신 곁에 있는 사람에게 선을 행하는 일이라고 했습니다.

따라서 현재 이 순간이 모여 미래가 되기 때문에 '현재 보다는 미래'가 아니라 '미래보다는 현재'가 중요한 것입니다.

# 이미 당신은 충분합니다

요즘, 사회는 물론이고 가족구성원의 각자 삶 역시 속도가 빨라지면서 친밀하게 접촉할 수 있는 시간이 거의 없습니다. 한 지붕 아래 살고 있으면서 얼굴 마주칠 새 없이 밤늦게 귀가해서 눈을 뜨자마자 직장으로, 학교로, 학원으로 뛰어가는 구성원 모두 단절과 외로움은 깊어지고 숨은 가쁘기만 합니다.

바로 이러한 우리의 현실을 위로하는 시인이 있습니다.

"너무 애쓰지 마요, 너무 서두르지 마요. 이미 당신은 충분합니다"라며 가만히 우리의 지친 등을 토닥여 줍니다.

이 시인은 1996년에 노벨문학상을 수상한 폴란드의 여류시인 비스와바 쉼브르스카입니다. 스웨덴 한림원은 그녀의 시가 '모차르트의 음악처럼 잘 다듬어진 구조와 베토벤의 음악처럼 냉철한 사유'를 갖췄다고 평가했습니다.

그의 시집 〈끝과 시작〉이 10여 년 전 우리나라에서 출간되었을 때, 수록된 170편의 시를 단숨에 읽었습니다. 요즘은 대부분의 시들이 난해하게 쓰여져 이해가 쉽지 않은데 그의 시는 평이하지만 뇌리에 도끼 같은 자극을 주고 인간의 심연을 꿰뚫어 지금까지도 귓전에 맴돕니다.

"이미 당신은 충분합니다."

# 하버드 정신

하버드대는 지금까지 미국 대통령 8명, 노벨상 수상자 44명, 퓰리처상 수상자 30명을 배출했습니다.

하버드는 어떻게 해서 세계적인 인재를 이토록 많이 배출해 낼 수 있었을까요. 과연 그것을 가능케 한 '하버드 정신'은 무엇일까요?

중국계 미국인으로 하버드대 교수인 쑤린은 '학업과 업무에서 어떻게 하면 자신의 능력을 충분히 발휘해서 큰 성과를 얻을 수 있을까?'라고 자문하면서, 이러한 고민을 통해 얻는 해답이 바로 '하버드 정신'이라고 했습니다.

쑤린 교수는 좀 더 구체적으로 자신감, 끈기, 감정조절, 잠재력 끌어내기, 열정, 자제력, 전력투구 등을 제시했습니다.

이렇게 평범보다는 비범, 실패보다는 성공을 중시하는 가치에 맞춰져 있지요. 그런데 과연 이것이 바람직할까요? 인생의 목표를 성공에 맞추어 전력투구하는 것은 특정분야의 인재상일 수는 있지만 인간이 가져야 할 보편적 가치는 아닐 것입니다.

'하버드 정신'은 인류의 진보에 크게 기여한 것은 사실이나, 많은 하버드대 교수들이 권고하는 대로 내일의 성취를 위해 오늘의 행복을 포기해서는 안 됩니다.

'느리게 더 느리게' 오늘의 행복을 즐겨보십시오.

## 하버드 인성

'하버드 정신'은 하버드만의 '뛰어난 교육'에서 연유된 특성을 말합니다. 그러나 '하버드 정신'이 추구하는 성과사회는 성공만이 유일한 규율이며 미덕이기 때문에 경쟁과잉을 유발한다는 문제점이 있습니다.

하버드에는 '하버드 인성'이라는 또 다른 특징이 있지요. '하버드 인성'은 고유명사가 될 정도로 하나의 학풍으로 자리 잡고 있는데, '용감함, 강인함, 독립적 사고력, 겸손함, 부지런함, 배움을 향한 열정과 노력'이 그것입니다. 이런 학풍에서 헬렌 켈러도 나왔고 빌 게이츠와 버락 오바마도 배출된 것입니다.

빌 게이츠는 학생들을 상대로 강연을 한 후, '부자가 되는 비결이 무엇이냐'는 질문을 받았습니다. 그는 좋은 머리가 아니라 '인성'이라고 대답하였습니다. 사실, 인성은 개개인의 행동을 좌우하고 습관을 만들어 내지요.

또한 하버드대에서 행복학을 강의하고 있는 탈 벤 샤하르 교수는 '단순하게 그리고 천천히'를 명상 제목으로 권고하면서 성과주의를 경고하고 있습니다.

문화의 다양성을 인정하면서, '하버드 정신'보다는 '하버드 인성'을 배우고 실천한다면 빌 게이츠를 뛰어넘는 훌륭한 인재가 우리나라에서도 나오지 않을까요?

# 자신감, 불가능을 없애주는 아름다운 힘

'군사의 천재' 또는 '전쟁의 신'이라고 알려진 나폴레옹은 "나의 사전에 불가능은 없다"라는 유명한 말을 남겼습니다. 이 말은 오만한 태도로 이해할 수도 있으나 그 보다는 자신감을 바탕으로 최선을 다한다는 결의라고 해석할 수 있습니다.

자신감에는 오만함과 당당함의 양면성이 있는데, 그 양면성을 완벽하게 조화시키는 것은 사실상 불가능합니다. 중요한 것은 두 가지 속성을 보완적으로 결합시키는 것입니다. 자신감은 자신의 능력을 스스로 과소평가하여 '난 못해'라고 생각하는 열등감의 반대개념이지요.

하버드대 쑤린 교수는 성공한 사람이 되는 열쇠는 바로 '나는 나를 믿어', '나는 내가 좋아', '내가 제일 능력 있어'라고 생각하는 태도라고 했습니다. 즉, 자신감은 불가능을 없애주는 아름다운 힘입니다.

누구에게나 고난과 결점은 있습니다. 그러나 이러한 운명에 용감하게 맞서서 '나는 할 수 있다'는 태도를 갖는 것이 중요한데 이것이 바로 자신감입니다. 자신의 부족함을 숨기지 말고 용감하게 드러내고 당당하게 받아들이는 태도가 바로 자신감을 키우는 원동력입니다.

"나는 할 수 있습니다."

## 성공의 독재

하버드대 하워드 교수는 '성공의 독재'라는 개념을 제시했는데, 성공의 독재는 우리 모두가 성공만능주의의 노예가 되어간다는 전제에서 출발한 개념입니다.

많은 사람들이 무의식적으로 성공이 전부라는 생각을 하고, 성공하지 못하면 무조건 실패라는 생각을 하지요. 성공과 실패는 극과 극이지만 항상 공존합니다. 성공 속에 실패의 씨앗이 있고 반대로 실패 속에 성공도 잉태해 있습니다.

스티브 잡스가 애플에서 물러났을 때 어느 신문은 '실패를 딛고 전진하다'라는 제목의 기사를 썼습니다. 그 기사는 '스티브 잡스만큼 실패를 성공적으로 극복한 사람은 없었다. 그는 몇 번이고 실패를 경험했고, 때로는 극적일 만큼 엄청난 실패를 겪었다'고 쓰면서 스티브 잡스가 비록 성공한 사람이지만 어쩌면 그토록 끊임없이 실패가 따라 다닐 수 있는가라는 놀라움을 표하기도 했습니다.

이처럼 성공과 실패는 흑과 백으로 나눌 수 없는 관계인데, 이에 대해 하워드 교수는 "보이는 것을 그대로 믿지 마세요. 겉으로 실패한 것처럼 보이는 상황에서도 '보이는 것 이상'을 발견해야 합니다"라고 결론을 내리지요.

실패 속에 잉태되어 있는 성공이 보이시나요?

# 거부 민주주의

일본계 미국인 국제 정치학자 프랜시스 후쿠야마 교수는 그의 저서에서 '비토크라시(vetocracy)'라는 단어를 만들었습니다.

미국은 양당이 서로를 거부하는 극단적인 파당 정치를 하기 때문에 정치가 동맥경화 상태에 걸린 것을 지칭한 표현입니다. 모든 수단을 동원하는 정치세력의 강력한 반대에 의해 입법과 정책이 좌절되는 현상으로 '거부 민주주의'라고 말할 수 있습니다. 그러나 미국의 양당정치는 오랜 전통이 있기 때문에 파당 정치를 극복하는 내성도 가지고 있습니다.

그러나 우리나라의 경우는 다릅니다. 헤게모니를 가지고 있지 않은 정치세력도 언제든지 상대를 좌절시킬 수 있는 비토파워만은 넘치고 있지요. 정치 엘리트 간 '구조화된 신념'이 정치집단을 진보와 보수로 갈라놓았고 타협점을 찾지 못하고 있습니다. 경쟁 상대를 협상의 대상으로 인식하지 않고 척결의 대상으로 간주하여 대화와 타협은 설 자리를 잃었습니다.

대통령 선거가 다당 체제로 전환된 것은 이념적 스펙트럼이 상대적으로 다양화된 것은 사실이나 국민들의 높은 정치의식과는 무관하게 비토크라시를 극복하는 정치의 성숙도는 아직도 요원해 보입니다.

## 패배할 때 끝나는 것이 아니라 포기할 때 끝나는 것이다

미국의 제35대 대통령 선거에서 닉슨은 케네디에게 0.2%의 근소한 차이로 패배를 했습니다. 그 때 그는 "인간은 패배했을 때 끝나는 것이 아니라, 포기했을 때 끝나는 것이다"라는 명언을 남겼습니다. 그는 선거 패배 후에 포기하지 않고 다시 도전, 결국 37대 대통령에 당선되었습니다.

닉슨 대통령은 워터게이트 사건으로 임기 중에 사임하는 미국의 유일한 대통령이 되었지만, 그는 자신의 명언을 스스로 입증하였습니다. 그래서 〈워싱턴 포스트〉지는 닉슨의 장례식 때 쓴 추모기사에 그를 '미스터 컴백'이라고 소개했습니다.

어떠한 패배든 후유증은 상상하는 것 보다 훨씬 더 클 수도 있지만, 이를 멋지게 극복한다면 더 큰 성공을 얻을 수 있겠지요. 고난과 역경이 최고의 스승이 될 수도 있으니까요.

지금의 패배를 뒤돌아보며 웃을 날이 있겠지요. 그러기 위해서는 절대 포기를 해서는 안됩니다. 닉슨의 말처럼 패배는 끝이 아닙니다. 새로운 시작입니다. 그러나 포기하는 순간 모든 것은 끝입니다.

자, 다시 시작합시다!

## 성장을 멈춰라

1940년대 말 미국의 트루먼 대통령의 취임연설에서 제기된 개발과 성장 개념은 그 후 제3세계의 국정목표가 되었습니다. 학파에 따라 성장에 접근하는 방식은 다르나 자유주의자나 보수주의자, 정부나 주류경제학자 모두 성장을 배제하지는 않습니다.

그러나 오스트리아의 철학자 이반 일리히는 명쾌하게 '성장을 멈춰라'라고 주장합니다. 그는 현대 사회의 문제를 분석하는 키워드로 '도구'라는 개념을 사용합니다. 초기에는 근대적인 도구가 인류의 복지에 기여할 수 있었으나 도구가 과잉 발전하여 오히려 인간이 도구에 지배 당하고 있다는 것입니다. 지나치게 효율성만을 강조한 도구들이 등장하면서 환경을 파괴하고 인간 삶의 균형을 깨뜨리기 시작되는 점을 부각시키고 있습니다.

일리히는 삶의 균형을 통해 사람, 도구, 집단이 올바른 관계를 형성하는 '공생적 사회'를 이룰 때 위기를 극복할 수 있다는 대안을 제시합니다.

"사회 시스템에는 한계가 있어야 한다. 복잡하고 완벽한 시스템 안에는 인간의 자리가 없다"는 일리히의 경고를 생각해 볼 필요가 있습니다.

인간은 알 권리도 있지만 모를 권리도 있고, 침묵으로 대답할 수도 있습니다.

# 용기있는 사람들

퓰리처상을 수상한 J. F. 케네디 전 미국 대통령의 〈용기 있는 사람들〉을 감명 깊게 읽은 기억이 있습니다. 이 책은 8명의 미국 상원의원을 그린 책인데, 국회의원으로서 지역구의 이익보다는 국가의 이익을 위해 '용기 있는 결단'을 내린 사람들을 칭송하는 책이었습니다.

베스트셀러였던 이 책에서 케네디가 훌륭하다고 판단한 8명의 정치가들은 용기 있는 행동 때문에 많은 고통을 겪었고, 정치 일선에서 쫓겨나기도 했으며, 대중의 기억 속에서 지워지고, 경제적 어려움도 겪었습니다.

그럼에도 불구하고 그들은 자신의 정치적 위협을 무릅쓰고 당리당략이나 자신을 후원한 집단의 이익을 고려하지 않았습니다. 오직 국민 모두를 위하고 특히 현재 보다는 미래에 존재할 자손들의 삶을 위해서 옳다고 믿었던 것을 용기 있게 선택하고 실천했습니다.

사실 정치인 개인의 일과 국가적인 일 사이에는 갈등이 있을 수 있다는 것을 이해한다 하더라도, 현재 한국의 정치인 대부분은 당리당략이나 득표를 위한 지역구 사업을 위해서는 국가의 이익이나 미래를 고려하지 않습니다.

진정 용기 있는 사람이 필요한 오늘날, 정치인을 비롯한 모든 사람들에게 〈용기 있는 사람들〉을 읽어보시길 권합니다.

# 결핍의 경제학

올해 같이 극심한 가뭄이 있을 때는 쏟아지는 비를 상상하게 됩니다. 비가 쏟아질 것 같이 잔뜩 찌푸린 어느 날, 지인으로부터 문자가 왔습니다.

'오늘 같은 날씨에는 보고픔도 지나친 허기의 일종이라는 말이 생각납니다.'

처음에는 이 말의 뜻을 이해하지 못하다가 조금 생각하니 비가 쏟아지기 직전은 목마름의 상태이기 때문에 보고픔과 배고픔이 연관되어 있다는 생각을 했습니다. 그래서 나는 이렇게 답글을 썼지요.

'보고픔, 배고픔, 목마름의 공통점은 결핍입니다. 그러나 영양이 결핍된 나무의 꽃이 더 아름답고 탐스럽게 피지요. 결핍은 안주하지 않고 끊임없이 도전합니다.'

결핍을 채우려는 동기가 사랑의 본성이기도 합니다. 결여된 아름다운 것, 즐거운 것, 훌륭한 것을 찾는 열망이 바로 사랑입니다. 결핍은 어떤 것을 매우 적게 소유할 때 느끼는 감정이지만, 결핍이 있기에 삶은 앞으로 나아갈 수 있습니다. 비어 있어야 채울 수 있기 때문에 결핍은 희망을 품고 있는 가능성이기도 합니다.

하버드대 센딜 멀레이너선 교수가 쓴 〈결핍의 경제학〉의 부제가 '왜 더 적게 가지는 것이 더 많이 가지는 것인가'인데, 이런 의미가 아닐까요?

# 키스(KISS)합시다

어느 대기업 여성 총수가 직원들에게 "저와 함께 키스(KISS) 합시다"라는 이메일을 보내 화제가 된 적이 있는데, 그 후 'KISS'는 그 기업의 경영방침이 되었습니다. KISS는 'Keep It Simple & Speedy'의 약자인데 복잡하게 얽혀 있을수록 핵심을 빨리 파악하는 통찰력과 단순화할 수 있는 능력이 필요하다는 뜻일 것입니다.

일상생활에서는 느림의 미학이 강조되는 추세이지만 경영과 행정에서는 스피드가 중요합니다. '빨리빨리'를 외칠 시간도 없이 바쁘게 돌아가는 게 현실인지라, 신중한 결정과 절차의 정당성을 훼손하지 않는 범위 내에서 단순화하고 속도를 내는 것은 중요합니다. 일을 추진하면서 중요한 특성을 찾아내고 중요하지 않은 부분을 제거하면 목표에 대한 집중력도 생기지요. 그래서 많은 기업에서는 의사 결정과 실행의 속도를 강조하고 외부 환경 변화를 빨리 감지하는 것을 시도하고 있습니다. 단순화와 속도는 일의 효율성을 높일 수도 있는데 구체적으로 직급, 또는 보고체계의 단순화가 그 예입니다.

명확한 목표가 있다면 한 곳에 집중하는 것이 에너지의 분산을 막을 수도 있습니다. 현안이 복잡할수록 문제를 단순화 하여 '원칙'으로 돌아가야 하고, 그 결정은 빠를수록 좋습니다.

# 유일한 박사의 경영목표

우리는 노블레스 오블리주를 얘기할 때 빌 게이츠나 워런 버핏 등 외국의 예를 많이 듭니다. 그러나 이 두 사람 못지 않은 사회공헌의 표상이 유한양행을 설립한 유일한 박사입니다.

유일한 박사는 1971년 당시 407억 원에 이르는 전 재산을 사회에 환원했습니다. 그의 기업경영 목표는 이윤추구가 아니라, 건전한 경영을 통해서 사회에 헌신한다는 것이었습니다.

당시 정치권의 정치자금 요구를 거절하여 여러 차례 세무조사를 받게 되었는데, 결국 '털어서 먼지 안 나는 기업'으로 알려질 정도로 투명한 경영이 확인되었습니다.

유일한 박사는 "눈으로 남을 볼 줄 아는 사람은 훌륭한 사람이다. 그러나 귀로 남의 이야기를 들을 줄 알고 머리로는 남의 행복에 대하여 생각할 줄 아는 사람은 더욱 훌륭한 사람이다"라는 유명한 말을 했습니다.

유일한 박사의 이 말은 '헌신' 또는 '봉사'라는 의미를 다시 한번 생각하게 해 주는 말입니다.

이해인 수녀도 "당신이 탁월한 재능이 있더라도 자기보다 못한 사람의 마음을 헤아려 그들을 끌어 올려 함께 가는 노력을 해야 한다"고 했는데, 이 얼마나 아름다운 삶인가요.

# '아티스트'가 되라

세계에서 가장 영향력 있는 경영그룹이며 마케팅의 천재라고 평가를 받는 세스 고딘은 우리들에게 '아티스트'가 되라고 말합니다. 그에 의하면, 아트(Art)는 타고난 재능이 아니라 새로운 틀을 구축하고, 사람과 아이디어를 연결하고, 정해진 규칙없이 시도하는 일입니다.

따라서 그가 '아티스트'가 되라고 한 것은 아름다움을 만드는 예술가가 아니라, 변화와 혁신, 창조력과 상상력을 통해 사람들에게 감동을 주며, 그 감동으로 사회전반의 발전 동력을 만드는 사람이 되라는 뜻입니다.

이런 고딘식 '아티스트들'을 구체적으로 열거하면 환자에게 전화를 거는 세심한 의사, 바쁜 업무 속에서도 고객을 직접 찾아가는 서비스 직원, 권한에 의존하지 않고 과감하게 뛰어드는 기업가, 한마디로 중요한 회의의 분위기를 일순간에 바꿔놓는 중견 간부 등입니다.

고딘은 그가 쓴 책의 마지막 구절에 "세상은 특별한 일을 하는 평범한 사람들로 가득하다"고 했습니다. 자신에게 주어진 일을 조금 더 열정적으로, 조금 더 창의적으로 하는 사람들을 종종 볼 수 있습니다. 일하는 모습이 아름답지 않은가요? 그들이 바로 '아티스트'입니다.

## 직원들을 대우하면 큰일을 해낸다

이 회사는 1976년 창업 이래 단 한 번의 적자도 없이 연평균 8.8%의 높은 성장률을 기록하고 있습니다. 세계 금융위기로 많은 기업들이 구조조정을 하거나 파산할 때 단 한 명의 해고도 없이 흑자를 유지했습니다. 이 회사는 미국의 IT기업 SAS사입니다.

이런 성과는 "회사원이 행복해야 고객도 행복하다"는 짐 굿나이트 회장의 철저한 신념 때문이었습니다. 그는 자신의 임무는 "저녁이면 빠져나가는 직원들이 아침에 다시 돌아 올 수 있도록 하는 것"이라고 생각하며, 모든 직원에게 1인 사무실, 탁아시설, 보건소, 피트니스센터 등을 제공하는 '특별한' 대우를 해서 직원들에게 자부심을 갖게 했습니다.

짐 굿나이트 회장은 직원을 회사발전의 단순한 수단으로 생각하지 않고 큰일을 해낼 수 있다는 가능성을 항상 믿었습니다. 당연히 이 회사는 정리해고, 정년, 비정규직이 없는 3무 회사가 된 것입니다. SAS사의 직원들은 자신의 가치를 인정해주는 회사에서 일하고 싶어 했으며 자신이 신뢰받고 있다는 사실을 알기 때문에 최선을 다했습니다. 이 회사의 성공은 고도의 경영기법이 아니라 단순한 원리를 실천한 데 있었습니다.

한 사람의 가치를 인정하고 대우해주면 큰일을 해낼 수 있습니다.

## 흙수저들이여, 자신감을 가져라

'금수저가 아닌 흙수저를 뽑아라'

세계적인 물류운송업체 UPS의 인사전문가 레지나 하틀리가 한 말인데, 흙수저들은 '남들은 모르는 최악의 역경을 딛고 치열하게 살아왔기' 때문에 열정과 목적의식으로 무장되어 있다는 것입니다. 이는 학문적 논쟁이 되기도 하는데 프로이트는 역경을 겪고 나면 정신적 후유증인 트라우마가 남는다고 했으나, 아들러나 프랭클은 '인간은 신체적, 환경적 조건이 열악해도 언제나 스스로 선택하고 극복할 수 있는 능력이 있다'는 그 반대의 사례를 소개하고 있습니다.

박용상 박사는 '최악의 상황에 놓여 졌던 698명의 아이들 중 1/3 이상이 건강하고 성공적인 삶을 살았다'는 연구 결과를 발표했습니다.

지금까지의 성공 공식이 금수저들에게 맞춰져 있었다면 창조적 리더의 시대에 접어든 현 시대는 '온실 속의 화초인 금수저보다는 가난하게 태어나 고난과 역경을 겪어낸 흙수저들'에게 시선을 돌려야 한다는 것이지요.

흙수저들은 '자신을 통제할 수 있는 건 오로지 자신밖에 없다'는 신념으로 살았기 때문에 곤경에 처하더라도 좌절과 포기 보다는 다시 일어서는 의지와 끈기가 있습니다. 주어진 환경을 탓하기보다는 자기 자신의 브랜드 가치를 높이는 데에 힘을 쏟아야 합니다.

## 철학자들의 해답과 또 다른 질문

장 자크 루소는 〈인간 불평등 기원론〉에서 "부는 재산을 많이 소유하는 것이 아니고 우리가 '갈망'하는 것을 소유하는 것"이라고 했습니다. 자유, 지혜, 아름다움, 철학적 삶 그리고 모성적 여인도 그의 갈망의 대상이었습니다.

철학자들은 대체로 욕심을 불행의 근원으로 봤으며 부(富)보다는 자유를 갈망했습니다. 볼턴 홀은 〈3에이커와 자유〉에서 "행복한 삶을 영유하려면 고용주에 대한 의존에서 벗어나 자신을 위해, 자신만의 속도로, 자신의 행복을 위해 일해야 한다"고 하였지요. 그래서 3에이커(3.672평)만 있으면 4인 가족이 평생 먹고 살 수 있는 충분한 터전이며 자유로운 삶을 영유할 수 있다고 했습니다.

현 시점에서 생각하면 아주 비현실적인 얘기입니다. 그러나 다른 사람을 위해 일해야 하고, 다른 사람과 경쟁을 해야 하며, 다른 사람의 눈치를 보며 살 수 밖에 없는 현대인의 삶에 대한 경구는 될 수 있습니다.

이렇듯 이들 철학자들은 우리에게 성찰을 권고하고 해답을 제시해 주지만 항상 또 다른 질문을 던집니다.

소유가 아닌 존재를 지향하는 삶이 가능할까?
자기 주도형 삶을 실천할 수 있을까?

# 마초문화

스페인어로 남자라는 뜻으로 '마초'문화는 권위적이고 남성중심적인 문화를 말합니다. 스페인은 국가권력에서 가정에 이르기까지 서열식 지배양식이 정착되어 있습니다. 그러나 이제 스페인에서도 마초문화를 몰아내고 있는데 이는 스페인 뿐만 아니라 어떤 나라도 젊은 세대는 인터넷과 함께 자라 개방적인 소셜 네트워크로 소통하기 때문에 일방적으로 강요하는 위계적 권위나 권력은 통용될 수 없는 시대가 되었습니다.

최근 어느 여검사의 '성추행 폭로'를 계기로 검찰 안팎에서 후폭풍이 거세지고 있습니다. 마초문화에 딱 부합되는 조직이 검찰입니다. 상명하복의 서열식 위계사회와 업무의 특성상 권위주의적인 권력 조직. 그러나 마초문화는 검찰뿐만 아니라 우리사회 도처에 팽배되어 있고 외국의 경우도 예외는 아닙니다.

성 추문 논란으로 최대 위기를 맞은 미국의 차량 서비스업체 우버는 기업문화 혁신을 내세우며 위기 돌파를 시도하는데, 혁신의 핵심은 마초중심의 기업문화를 뿌리 뽑자는 것이지요.

마초문화는 '갑'들의 횡포와도 관련이 있습니다. 권력자, 남성, 부모, 선생님 그리고 대기업 같은 힘 있는 사람들이 갑질을 한다면 이것이야말로 마초문화의 전형이 아닐까요?

## 지식만능을 경계한다

앨빈 토플러는 일찍이 권력의 세 가지 원천을 폭력, 부 그리고 지식으로 규정했습니다. 그러면서 폭력은 저품직 권력, 부는 중품직 권력, 지식은 고품직 권력이라고도 했지요. 폭력에서 부로, 부에서 지식으로 권력의 원천이 이동하며 이런 과정을 지배하는 권력이 '지식 권력'이라는 것입니다.

이러한 현상을 단적으로 설명하자면, 세계적 갑부들은 대부분 '지식 장사'로 돈을 벌었습니다. 이렇듯 지식은 개인 뿐만 아니라 세상을 발전적으로 변화시키는 필수적인 요소지만 '지식만능' 사고는 경계해야 합니다.

일단 지식과 지성, 또는 지식과 지혜는 구별해야 합니다. 지성은 지식에 더하여 배려와 도덕성을 갖춘 것이고,지식이 곧 지혜로 연결되는 것은 아닙니다. 지식은 바깥에서 들어오지만 지혜는 안에서 나오는 것입니다. 뿐만 아니라 '나는 다 알고 있다'는 교만은 스스로를 추하게 만든다는 것을 명심해야 합니다.

디지털사회에서는 지식이 널려있어 쉽게 손에 잡히지요. 그러나 그 지식을 나의 것으로 내면화하고, 실천하며 그것이 지혜와 지성으로까지 연결될 때 지식의 가치가 있는 것입니다.

유태인 학살을 주도했던 사람들은 대부분 고도의 지식인이었습니다.

## '결핍'에 대한 다른 시각

결핍에 대한 다른 시각이 있습니다. 병이 있어야 오래 살고, 건강하면 오히려 수명이 짧아 질 수도 있다고 합니다. 비어 있어야 채울 수 있는 여지가 있으니 결핍은 희망을 품고 있는 가능성이라는 것이지요. 이것은 최준영의 〈결핍을 즐겨라〉에 근거한 얘기입니다. 그러면서 그는, 사람은 완벽할 수 없기 때문에 결핍을 피할 수 없다면 차라리 즐기라고 권고합니다.

그런데 경제학자인 센딜 멀레이너선 하버드대 교수와 심리학자인 엘다 샤퍼 프린스턴대 교수가 공동 저술한 〈결핍의 경제학〉에서는 결핍이 있을 때 그것을 채워야 한다고 생각하기 전에 이미 결핍감이 우리의 사고방식을 지배해 버린다고 말하고 있습니다. 이들에 의하면 결핍을 확인하는 순간 하나에는 몰입하게 되지만 다른 것은 무시해 버린다는 것이지요.

따라서 결핍 자체가 문제가 아니라 결핍이라는 환경에서 부과하는 정신적 고충이 문제라는 것입니다. 그러나 이들도 결론에 가서는 느린 거북이가 자신의 결핍을 알기 때문에 오히려 더 빨리 나아가게 하는 편익이 있음을 인정하고 있습니다.

결국 결핍이란 분명 자신의 약점이지만 그 약점을 인정하고 보완하려는 겸손과 노력이 전제된다면 결핍은 희망을 품고 있는 가능성이 될 수 있지 않을까요?

# 믿는 대로 된다

인간의 삶이 모두 문화와 연계되어 있고 문화는 한 사회나 국가의 차이를 만들어 냅니다. 문화의 핵심가치는 여러 가지 있을 수 있으나 그중에서 '긍정'이 제일 중요한 가치라고 생각합니다. 이를테면 무엇 무엇 '때문에'가 아니라 무엇 무엇 '덕분에' 입니다. 가난 덕분에 부자가 됐고, 몸이 약한 덕분에 오래 살았고, 배우지 못한 덕분에 평생토록 배움에 열정을 가질 수 있었습니다.

오래전 조엘 오스틴은 〈긍정의 힘〉이라는 책을 출판하여 세계적인 베스트셀러가 되었지요. 그 책에 '나는 비전을 키우는 사람이다' 라는 말이 나옵니다. 마음으로 믿지 않으면 좋은 일은 결코 일어나지 않는다는 것이지요.

성경에도 '믿음은 바라는 것들의 실상'이라고 쓰여 있으며, 법륜 스님도 현실을 있는 그대로 받아들이고 믿는 것이 세상을 밝게 대처하는 원동력이라고 했지요.

긍정의 힘은 과학을 뛰어 넘습니다. 심리학용어로 '플라시보 효과'라는 말이 있는데 그것은 아무 효과가 없는 가짜 약을 진짜라 속여서 먹였을 때 실제로 몸 상태가 나아지는 현상을 말합니다. 그야말로 믿음이 효과를 발휘하는 것이지요.

긍정을 선택해야 삶을 변화시킬 수 있고 이것이 소프트파워를 만들어 낼 수 있습니다.

# 거리(距離)의 파토스

국내외를 막론하고 현대사회로 올수록 존경심이 사라지고 있는 것 같습니다. 이렇게 되기까지는 그동안 기득권자들의 인격적, 도덕적 가치의 붕괴가 가장 큰 원인이겠지만, 디지털 사회로의 빠른 변화가 만들어 낸 결과이기도 합니다.

디지털 커뮤니케이션은 모든 영역에서 '거리(距離)의 파토스'를 파괴시켜 그 영향으로 공간적, 정신적 거리가 소멸되었기 때문에 존경심의 존립기반을 무너뜨린 것이지요.

'거리의 파토스'란 니체의 핵심철학 중 하나인데, 니체는 주인의 도덕이나 가치를 이야기 할 때 언제나 일정한 거리, 간격, 격차를 마음속에 품는다는 사실에 주목하였습니다.

재독학자 한병철 교수는 니체의 입장을 받아들여 존경의 전제는 떨어져 있는 시선, '거리의 파토스'라고 했으며 오늘날 존경심이 사라지면서 거리를 알지 못하는 '구경'이 그 자리를 대신한다고 했습니다.

그런데 존경심의 존립기반을 무너뜨린 디지털 매체의 속성은 익명성과 결부되어 있는데, 대표적인 것이 악플입니다. 자기의 이름으로 문제를 제기해야 책임을 지고 신뢰를 유지해서 존경을 받을 수 있는데 그것이 사라진 것입니다. 그래서 요즈음은 인터넷 악플을 좌지우지할 수 있는 자가 주권자 행세를 합니다.

# 상식이 기적을 만들어 낸다

요즘 우려되는 것 중에 하나는 '상식'을 부정하는 현상입니다. 최근 기업에서는 감동적인 스토리와 콘텐츠를 강조한 나머지 '상식 기반의 비즈니스를 하면 절대 성공할 수 없다'라는 주장을 공공연히 하고 있습니다. 물론 일리도 있지만, 정치, 경제, 특히 인간관계에서 상식적인 것이 이긴다는 것이 시대를 초월한 순리가 아닐까요?

일본에서 '경영의 신'이라고 알려진 이나모리 가즈오 '교세라' 회장의 경영철학은 너무나 상식적이었는데 엄청난 성과를 이뤄냈습니다. 1959년 창업 이후 단 한 번도 적자를 낸 적이 없고, 14조원의 연매출액을 기록하고 있습니다. JAL이 파산을 한 시점에서 정부 차원에서 구원투수로 당시 78세의 이나모리 가즈오를 모셨습니다. 그는 13개월 만에 흑자로 전환시키는 기적을 만들어냈지요.

3년 만에 JAL의 회장에서 물러나 '교세라'로 복귀한 그의 경영철학은 '단순함'과 '효율성' 그리고 '도덕과 책임'이었는데, 상식적이고 평범한 개념입니다. 이런 모든 '개념'들을 철저히 실천하여 직원 한 사람 한 사람이 주인의식을 갖게 만든 것이 회사 성공의 비결이었습니다.

상식적인 너무나 상식적인 경영철학이 기적을 만들어낸 것입니다.

## 마케팅 천재의 지나친 역설

'마케팅 천재' 또는 '세계 21명의 차세대 명강사' 중 하나로 소개되고 있는 세스 고딘의 마케팅 기법은 '리마커블' 개념에 근거하고 있습니다. 리마커블 개념은 '주목할 만한 가치'를 말하는데, 예외적이고 새로운 방법으로 차별화 하는 기법입니다. 그는 자만을 통해 인간은 신과 같은 존재로 높여질 수 있다는 주장을 합니다. 그래서 실패하더라도 '이카루스'처럼 태양에 더 가까이 날고, 더 위태로운 상황으로 스스로를 몰아가라고 합니다.

물론 인간에게는 양면성이 있기 때문에 머릿속의 한 부분은 도약하고, 날고, 강한 인상을 남기라고 생각하지만, 다른 부분은 안전을 생각하고, 가능한 한 낮게 날고, 실패를 회피하라는 생각도 합니다.

'새로운 법칙'을 통해 리마커블한 제품을 창조하고, 그런 제품을 열망하는 소수를 공략한다는 것은 마케팅 전략에서 큰 의미가 있고 성과도 예상되지만 고딘의 지나친 역설은 경계해야 합니다.

인간이 신에 도전하는 것은 원천적인 죄악이고, 양극단을 치닫는 것은 조화와 중용의 가치를 거부하는 것입니다. 고딘이 '과거의 법칙'이라고 부정하는, 안전하고 평범한 제품들도 '위대한 마케팅'과 결합되면 리마커블한 제품 못지않은 성과를 낼 수도 있습니다.

## SNS의 주체적 활용

요즘 많은 사람들에게 SNS를 활용하여 삶을 영위하는 것이 일상이 되었습니다. 부작용도 없진 않으나 편리하고 효율적이어서 만족도가 높지요. 그러나 많은 사람들이 활용하고 영향력도 상당히 크기 때문에 그 폐해도 심각하게 고려해야 합니다.

특히 페이스북은 사적 공간이 아니라 전시 공간이기 때문에 한 사람이 쓰면 수천 명 또는 수만 명까지도 읽게 됩니다. 그래서 페이스북에서 사회현상에 대한 시시비비를 가리는 것은 정당한 일일 수 있으나, 개인의 인격에 상처를 주는 심한 비판은 바람직하지 않고 공익적이지도 않습니다.

그리고 무엇보다도 페이스북의 지나친 중독을 경계해야 합니다. 미국 어느 대학 연구팀은 '페이스북을 많이 쓰면 우울해지고 건강도 나빠진다'고 발표했습니다. 페이스북 중독자들은 하루라도 SNS를 안하면 불안하고, 자신의 글이나 사진에 대한 반응이 없으면 스트레스를 받는 등 '페이스북 피로증후군'이 나타나기도 합니다.

주위에는 마치 SNS사용이 '직업'인 것 같은 사람도 있습니다. 하루 종일 SNS에 매달리고, 그것을 통해 전적으로 인간관계를 형성하기도 하는데 얼마나 가볍고 의미 없는 삶일까요. 건전하게 SNS를 하면서 거기에 중독되지 말고 그것을 뛰어 넘는 주체적 활용이 필요합니다.

## 4차 산업혁명에 인문학의 역할

이미 시작된 4차 산업혁명은 새로운 시장을 열어 경제성장을 견인할 수 있다는 낙관적 견해가 있는가 하면 대다수 사람들이 소비자이자 생산자이기 때문에 세계적으로 더 큰 불평등이 야기될 수 있다는 부정적 견해도 있습니다.

특히 자동화로 인한 노동력 대체 때문에 노동시장을 붕괴시킬 가능성도 있고, 로봇과 센서가 놀라울 정도로 정교해지고 있는 데다가 3D프린팅 기술이 진화되어 노동집약적 제조업의 붕괴도 예상됩니다. 그러나 인공지능을 사용해 노인들을 위한 '디지털 친구'도 가능하고, 많은 사람이 충분히 이용할 수 있는 '태양열 저장기술'의 시대도 열린다니 긍·부정적 요인이 겹쳐 있다고 볼 수 있습니다.

카네기멜런대의 비벡 와드와 교수는 이를 극복하기 위한 방안으로 예술과 인문학도 공학만큼 중요하다고 강조합니다. 또한 실리콘밸리에서 최근 뜨고 있는 스타 기업인 중에는 인문학 전공자가 많으며, 창업자들도 공학·컴퓨터 기술 전공자는 37%에 머물고 나머지 사람들의 전공은 경영, 예술, 인문학 등이라고 주장합니다.

4차 산업혁명이라는 거대한 도전에 대처하려면 '인류를 둘러싼 다양한 배경과 맥락에 대해 비판적 사고 능력이 필수적'인 인문학 전공자가 더욱 필요하지 않을까요?

## 지금 걸려 넘어진 그 자리가 당신의 전환점이다

경영학의 세계적인 거두 하워드 스티븐슨 하버드대 교수는 후회 없는 인생을 사는 지혜를 전파한 학자로 유명합니다. 그런데 그가 들려준 가장 중요한 지혜는 '지금 걸려 넘어진 그 자리가 당신의 전환점이다'라는 것입니다.

여기서 전환점이라는 것은 지금까지와는 전혀 다른 방식으로 생각해 보라는 것인데, 스티븐슨 교수는 전환점은 인생에 있어서 하나의 선물이라고 했습니다. 그러나 이것이 선물일지라도 우호적인 것도 있고, 적대적인 것도 있으며, 중립적인 것도 있습니다. 우호적인 것은 새로운 가능성을 깨달을 기회를 얻은 것이고, 적대적인 것은 준비가 없는데 갑자기 나타나 허를 찌르는 것입니다.

이 두 가지가 외부요인이라면 중립적인 것은 내면에서 어떤 변화가 싹틀 때를 말합니다. 이때 중요한 것은 전환점을 대하는 태도입니다. 당연히 능동적, 적극적으로 임해야 하지요. 이전에는 해보지 않은 행동일지라도 누구나 과감히 할 수 있는 잠재력을 가지고 있습니다. 그러나 전환점은 오래 기다려주지 않으니 기회가 오면 재빨리 움직여야 합니다.

따라서 스티븐슨 교수의 교훈은 "평온한 바다는 결코 유능한 뱃사람을 만들 수 없다"는 영국 속담과 연결시킬 수 있습니다.

# 어둠 속에 꿈이 있다

'어둠 속에 꿈이 있다"는 말은 유태인으로 독일에서 차별과 박해를 받다가 16세 때 미국으로 건너가 나중에 미국의 국무장관이 된 헨리 키신저 박사의 말입니다.

각 분야에서 탁월한 업적을 남긴 사람들 중에는 고난과 역경의 시기를 거치면서 오히려 과거보다 더욱 성숙한 인격으로 다시 태어난 사람들이 많습니다.

대체로 이들은 수많은 갈등과 번민, 비난과 질시로 상처 받은 영혼을 '관용'이라는 용광로에서 용해시켰습니다. 불순물이 섞인 재료들을 녹여 순수한 새 물질로 만들듯이 자신의 아픔은 물론 타인과 사회에 대한 온갖 때 묻은 감정들을 '꿈'으로 승화시킨 것입니다.

고난과 시련은 누구에게나 당면할 수 있습니다. 그러나 의지를 갖고 적대 감정을 용해시키고, 비난마저 포용한다면 그들이 경험한 고난과 시련(어둠)을 찬란한 빛(꿈)으로 만들 수 있겠지요.

따라서 패배자는 '패배한 사람이 아니라 실패를 선택한 사람'이고 승리자는 '실패를 두려워하지 않고 꿈과 희망을 품고 뛴 사람'입니다. 부모들이 아이들에게 성공과 승리만을 강조하는 경우가 많은데 실패와 패배를 더욱 소중한 교훈이라고 가르쳐야 합니다. 패배의 아픔이 성공의 씨앗이 될 수 있기 때문입니다.

## 관광과 여행

빅데이터를 통해 라이프 스타일의 트랜드를 연구하는 어느 분의 강연을 들었습니다. 그분은 젊은이들은 여행을 하고 '꼰대'들은 관광을 한다고 하였습니다. 물론 조크로 던진 얘기지만 그분의 의도는 분명했지요. 관광과 여행은 공통점이 있으면서도 각각 다르다는 것입니다.

관광은 대가를 지불하면서 일정 수준의 서비스를 요구하는 것이고, 여행은 스스로 경험과 배움을 얻고 여행 자체를 일상처럼 삼는 것입니다.

우리나라 사람들은 주로 관광을 하지요. 일주일쯤 유럽 관광을 하면서도 최소한 다섯 나라는 방문하기 때문에 대부분의 시간은 버스에서 보냅니다. 어느 도시에 도착하면 명소로 알려진 곳은 꼭 방문하여 사진 한 장이라도 찍어야 합니다.

그러나 최근 젊은이들을 중심으로 여행이 늘어나고 있지요. 여행은 무엇을 보는 것은 나중이고 떠나는 것이 먼저입니다. 구체적 계획이 없어도 쉽게 떠납니다. 여러 나라를 방문하는 게 아니라 한 나라에 가서 맛집을 찾고, 아름다운 경치를 사진에 담고, 현지인들과 소통을 하며, 일상처럼 지내지요.

그래서 '아마추어는 관광을 하고 프로들은 여행을 한다'는 말이 있나봅니다. 이제 공공기관에서 쓰고 있는 관광이라는 용어를 여행으로 바꿔야 되지 않을까요?

## 인문학 없인 4차 산업혁명도 없다

교육현장에서만이 아니라 행정에서도 시민들의 인문학 확산을 위해 노력해야 합니다. 인문학을 강조하다보면, '먹고 살기도 어려운데 무슨 인문학이냐'는 꾸중을 종종 듣습니다.

그러나 예술이나 인문학은 시민의 공공재입니다. 개인의 소유가 아니라 모든 사람이 함께 향유하는 것입니다. 따라서 인문학이 개인의 교양에 머물러서는 안 되고 '시민의 지혜'를 가르쳐 길러내고 사회적 자산으로 만들어야 합니다. 4차 산업혁명이 강조되는 지금의 시점에서는 무엇보다도 공동체에 관심을 갖고 살아가는 '사회적 자본'이 필요하기 때문입니다.

미국 국립인문재단의 설립 취지문에는 '민주주의는 시민의 지혜를 요구 한다'는 내용이 있습니다. 이렇게 '시민의 지혜'를 강조하는 그 재단의 윌리엄 아담스 위원장은 "이공계 교육이 중요하기 때문에 더더욱 인문학의 필요성과 관련성을 결코 간과해서는 안 된다. 지금과 같은 기술 포화의 시대야 말로 그 어느 때보다 인문학이 중요하다. 그것은 과학기술만으로는 해결되지 않는 매우 중요하고 필수적인 질문들을 제기하기 때문이다"라고 말한 바 있습니다.

따라서 인문학은 민주주의와 사회적 공동선을 신장시키기 위한 중요한 '시민의 지혜'를 제공합니다.

## 자기 비하는 행복의 적

학생들에게 '행복'에 대해서 강의하면서 가장 강조하는 것은 '다른 사람과 비교하지 말라'는 것입니다.

하버드대학에서 가장 인기 있는 강의는 '긍정심리학'이라고 하는데 거기에서 강조하는 것도 '자신을 남과 비교하며 남보다 못하다고 생각하는 순간 행복은 달아난다'고 했습니다. 그래서 행복의 가장 큰 적은 '자기 비하'입니다.

자기 비하란 '자존감이 심각하게 떨어진 상태로 자기 자신에 대해 뿌리 깊은 의구심을 품고 있다는 것'을 말하지요. 누구나 일시적으로 자기 비하의 감정을 느낄 때가 있습니다. 특히 자신보다 훨씬 우월한 사람을 만났을 때 자기 비하에 빠지게 되지요.

그러나 '어려운 처지'라는 똑같은 조건을 가졌어도 그 감정을 극복하지 못한 사람과 이 조건을 극복할 수 있다고 다짐하는 사람의 차이는 현저히 다른 것이지요. 설령 위기에 처하거나 불행한 일이 있어도 '나는 극복 할 수 있다'는 긍정적인 심리를 스스로 활용하고, 실현이 가능한 작은 목표를 여러 개 세워 하나씩 이뤄 나가며, 지나친 욕심을 버린다면 자기 비하에서 빠져 나올 수 있을 것입니다.

따라서 자기 비하는 주어진 조건이 만들어 내는 것이 아니라 자기 스스로 단정하고 포기하는데 있습니다.

# 세상은 정복이 아니라 이해하라고 존재한다

'크리스'족은 북미지역 최후의 인디언이라고 알려져 있습니다. 책으로만 확인한 것이기 때문에 실감은 나지 않지만, 그들은 아주 이상적인 환경론자들임에 틀림없는 것 같습니다. 그들은 현대인들이 돈을 쫓고 자연을 거스른 댓가로 잃어버린 것들을 찾아내서 진정한 행복을 누리며 산다는 자부심을 가지고 있지요.

그들은, 대부분의 사람들은 과학이 발달하고 경험이 쌓여 감에도 불구하고 서로를 깊이 이해하지 못하는 무지와 어리석음이 있다고 비판합니다.

그들은, 사람들이 어설픈 지식을 지녔을 뿐인데도 그것을 바꿀 줄 모른다고 한심해 합니다.

그들은, 내려놓고 욕심을 버릴 때 세상은 늘 필요한 것을 채워준다고 믿으며 경쟁, 소유, 집착으로 힘겨운 사람들에게 존중과 어울림의 지혜를 가지라고 권고합니다.

그들은, 자연의 흐름을 삶의 방식으로, 그리고 마음이 시키는 것을 삶의 원칙으로 받아들일 때 진정한 평온과 건강을 누릴 수 있다고 확신합니다. 그러면서도 그들은 자신들이 만들어 내는 풍속을 그대로 받아들이라고 강요하지는 않습니다. 이런 인디언들의 생각을 현실적으로 받아들이기는 어려우나 세상을 바라보는 소박함과 여유는 우리가 배워야 할 점이라고 생각합니다.

# 사회적 자본의 확산

CNN방송은 '한국인의 일중독은 세계 최고'라고 보도하면서 한국인은 근면성에 '빨리빨리' 습관이 합쳐져 '일 몰입'과 '속도경영'을 동시에 할 수 있었으며 이것이 시공간적 압축성장을 이루어 낼 수 있었다고 진단했습니다.

이와 관련하여 고려대 김문조 교수는 한국인의 마음에는 '끼리끼리' 문화인 관계주의 심리, '빨리빨리' 문화인 현세주의 심리, '다다익선 문화'인 배상주의 심리가 뿌리 내려 있다고 했습니다.

이러한 실리주의적 생활태도는 경제발전의 원동력이 되었습니다. 그러나 이러한 성과 이면에는 많은 부작용이 있었던 것도 사실입니다.

먼저 성과주의, 배금주의가 널리 퍼져 구성원간의 신뢰가 무너졌습니다. 뿐만 아니라 도전이 지나쳐 사회 전체가 무한경쟁의 압박에 노출되었습니다. 따라서 공존과 배려보다는 배제와 독식이라는 병리현상이 나타났습니다. 이러한 병폐를 시정하기 위해서는 단기적으로는 정책적 처방이 필요하지만 장기적으로는 문화와 관행을 바꿔야합니다. 그러기 위해서는 신뢰, 배려, 정직, 공동체의식 등의 '사회적 자본'의 확산이 무엇보다도 우선되어야 합니다.

## 과학과 예술의 뿌리

과학과 예술은 동일한 어원에서 출발하였습니다. 아트(Art)의 어원은 라틴어의 아르스(ars)와 그리스어의 테크네(technè)에서 유래된 말로 요즘 우리가 말하는 예술과 과학(기술)의 속성을 동시에 가진 것으로 해석할 수 있습니다.

따라서 과학자이자 소설가인 C.P 스노우는 '과학적으로 훈련받은 사람과 문화나 예술을 중시하는 사람은 분리되면 안된다'라고 주장한 바 있고, 〈통섭〉의 저자 에드워드 윌슨은 "과학은 예술의 직관과 은유의 힘을 필요로 하며 예술은 과학으로부터의 신선한 수혈을 필요로 한다"고 말했습니다.

스코틀랜드의 산 정상에서 아름다운 햇무리를 보고 화가가 되어 그 풍광을 재현하기로 다짐한 어느 청년은 훗날 물리학으로 노벨상을 받았고, 시에 매료되어 다섯 살부터 시를 쓰기 시작한 감수성이 예민한 어느 소녀는 훗날 수학자가 되었습니다.

그 노벨상 수상자는 자신의 관심사는 순전히 정서적이고 심미적인 것이라 했고, 수학자가 된 그녀는 영혼의 시인이 되지 않고서 수학자가 될 수 없다고 했습니다.

예술과 과학은 융합을 통해서 완결될 수 있기에 당연히 분리되어서는 안됩니다.

# 절대 권력의 눈물

영조, 정조는 조선의 르네상스를 주도한 성군으로 알려져 있습니다. 영조나 정조는 분명 성군으로서 업적도 화려하지만 그늘이 넓고 깊게 드리워진 양면성이 있습니다. 특히 영조는 자신의 외아들인 사도세자를 뒤주에 9일 동안 가두어 굶겨서 죽인 사람입니다.

사도세자의 죽음은 그의 부인 혜경궁 홍씨의 〈한중록〉에 상세히 기록되어 있는데 당파적 시각에서 왜곡 서술되었다는 의혹도 있지만, 그게 중요한 게 아니라 최고 권력을 쟁취하고 유지하기 위해서는 수많은 패륜이 자행되었다는 점이 주목할 문제입니다.

이유야 어떻든 아버지(영조)가 아들(사도세자)을 죽였고, 아들은 아버지를 죽이려고 계획했으며, 영조에게 사도세자를 죽여 달라고 한 사람은 바로 생모(선희궁)였습니다.

절대 권력과 그 주위는 욕망, 음모, 분노, 증오, 살인 등 인간 세상의 온갖 부정적인 모습으로 가득 차 있습니다. 〈한중록〉과 관련하여 많은 글을 쓴 정병설 교수는 〈한중록〉을 '절대 권력의 눈물'이라고 묘사했습니다.

그렇습니다. '절대' 권력은 결국 눈물로 귀결될 수밖에 없습니다.

## 운명의 힘

오페라 〈운명의 힘〉은 베르디 최고의 걸작입니다. 특히 서곡은 금관악기, 목관악기 그리고 현악기들이 번갈아 연주되는 힘있고 아름다운 음악입니다. 그러나 작품의 스토리는 참으로 가혹한 운명의 세 주인공들이 모두 파멸하는 처절하고 비극적인 삶을 그리지요. 인간은 태생부터 운명이 정해져 있어 아무리 발버둥 쳐도 그 운명을 벗어날 수 없다는 것입니다.

우리 대중가요 노사연의 〈만남〉도 서로의 만남을 '우연이 아니라' 운명적으로 만날 수밖에 없음을 노래합니다.

운명은 고대 그리스의 '모이라'라는 낱말에서 유래하는데, 여러 사람이 제비를 뽑아 땅을 나눌 때 뽑힌 제비에 따라 한 사람에게 주어진 몫을 말하는 것입니다. 누구나 자신의 '모이라'에 만족하며 충실히 지켜야 합니다. 그때부터 인간은 절대적인 힘이 자기 삶을 예정해 두었다고 믿게 되었지요. 물론 인간의 자유의지를 인정하지만 그것 또한 절대자의 큰 뜻의 범위 내에서 이루어지기 때문에 큰 의미가 없습니다.

그리스 신화에서도 운명을 넘으려는 시도는 결국 치명적인 타격을 입어 운명의 힘이 승리하게 되는데, 과연 운명의 힘은 거부할 수 없는 것일까요?

# 1초를 줄이는데 100년

사람의 몸도 훈련을 꾸준히 하면 정밀한 기계와 비슷합니다. 육상 100m 세계 신기록은 2009년에 우사인볼트가 수립한 9초 58인데, 1초를 줄이는데 100년이나 걸렸습니다. 지금도 우사인볼트를 비롯한 세계적 선수들이 0.01초를 줄이지 못해 신기록을 경신하지 못하고 있습니다.

이 정도면 정밀한 기계에 비교할 수 있지 않을까요? 나는 지금은 걷는 운동을 하지만 10년 전에는 출근 전에 달리기를 했었습니다. 매일 400m 운동장 트랙 25바퀴를 돌아 10km를 뛰었는데, 한 바퀴를 뛸 때마다 나는 시간의 차이는 1~2초에 불과합니다. 이때 지도자와 같이 뛰면 1초도 틀리지 않을 때가 많았습니다. 마라톤 초보자도 이럴진대 꾸준한 훈련을 하는 세계적인 선수들은 컴퓨터에 준하는 정확성을 유지하겠지요.

여기서 우리가 얻을 수 있는 교훈은 철저한 훈련을 지속적으로 하면 사람의 몸도 정교한 기계처럼 될 수 있고, 이렇게 되기까지 지도자의 역할이 중요하다는 점입니다.

지금 이 시간에도 0.01초를 줄이기 위해 세계의 수많은 선수들이 땀을 흘리고 있으며, 인간은 이러한 도전을 포기하지 않고 있습니다.

# 자유의지와 예정론

자유의지와 예정론은 기독교 역사에서 장구한 논쟁거리였습니다. 500년전, 종교개혁의 수행 중에 마틴 루터와 에라스무스의 논쟁으로도 유명합니다. 뿐만 아니라 그리스 신화에서도 운명이란 이름의 예정론과 자유의지에 대한 언급이 있었지요. 아직도 이러한 논쟁이 종지부를 찍은 것은 아니나 대부분의 사람들은 '절대적인 힘'이 자기의 삶을 예정해 두었다고 인식하고 있습니다.

이와 관련하여 과학자들의 의견이 관심을 끌고 있습니다. 카이스트 김대식 교수는 '존재의 미래는 정해져 있는 것일까?'와 '인간은 얼마나 자유로울 수 있을까?'라는 질문을 하고 있지요. 그러면서 일단 '인간은 이미 물리적으로는 자유롭지 않다'고 답하고 있습니다. 그는 "'나'라는 존재가 선택하는 것이 아니라, 선택을 통해 '나'라는 존재가 만들어 질 수 있다"고 말합니다.

물론 '삶의 의지' 또는 '권력의지'와 동일선상에서 자유의지를 강조한 쇼펜하우어나 니체 같은 철학자도 있지만 많은 학자들은 '완벽한 자유의지'를 인정하는데 주저하고 있습니다.

그래서 인간의 자유의지는 '다른 동물과 구별되는 고귀한 특성'이라는 '환상'을 가진 세상 사람들을 실망시키는 것도 사실입니다.

# 적극적으로 삶을 사랑하기

아무리 100세 시대라 하지만, 신입회원으로 101세의 화가가 입회했다는 사실은 놀랄만한 일입니다. 주인공은 바로 '대한민국예술원' 회원으로 입회한 세계 최고령 현역화가인 김병기 화백입니다. '나이는 숫자에 불과하다'는 말을 입증하는 사례지요.

김병기 화백은 어느 인터뷰에서 "나이는 중요하지 않아요. 아직 손도 자유자재로 움직일 수 있으니 나는 죽는 날까지 그림을 그릴 겁니다"라고 말합니다. 지금도 새벽 2시까지 독서를 한다는 그는 무슨 일이든 철저하게 해야 한다고 말합니다. 사랑도 적극적으로 해야 하는데, 그 사랑은 무엇보다도 상대의 존엄을 소중히 인정해야 한다고 주장합니다.

100세가 되던 지난 해 4월에 〈백세 청풍〉이라는 주제로 전시회를 가졌고, 거의 매년 국내외를 순회하며 전시를 하는데, 그와 만난 지인들의 말을 빌면 그분은 지금도 한번 대좌하면 4시간 이상씩 우렁찬 목소리로 말씀하시며, 그 내용도 깊이 있는 특강 수준이라고 합니다.

젊어야 '혁신'을 할 수 있다는 일반론을 뛰어 넘어 고령자들이 품격 있고 의미 있는 문화를 만들어 내는 시기의 도래가 예감되는 사례가 아닐까요?

## 실연은 없다

실연을 당한 사람들이 상담을 해 올 때, 고전평론가 고미숙씨의 말을 인용하여 '실연은 없다'고 대답해 줍니다. 실연이 '헤어짐 자체가 아니라 거절당하는 것'을 의미한다면 소설가 박범신이 얘기한대로 사랑은 '내 것을 해체해 오로지 주고 싶은 욕망'이라는 정의에 모순이 됩니다.

나는 상대를 거절할 수 있어도 상대는 나를 거절해서는 안 된다는 논리는 '오로지 주고 싶은 욕망'과 배치되기 때문입니다. 그러나 깊이 생각해 보면 내가 상대를 버리거나 상대가 나를 버리는 게 아니라 나도 상대방도 '어떤 힘'에 이끌리어 헤어지게 된다면 '실연은 없는' 것입니다.

고미숙씨가 말하는 '어떤 힘'은 아마 뇌의 작용일 것인데 그 핵심은 자신도 의식하지 못하면서 이루어지는 행위입니다.

사랑의 감정이 '어떤 힘'에 의해 소멸되어 가고 있을진대, 헤어지면서 자꾸 이유를 찾아 핑계를 대는 것은 사실상 자신을 속이는 것입니다. 실연은 없으니까 포기하지 마십시오.

여름이 기승을 부리다가 '어떤 힘'에 의해 갑자기 가을이 오듯이, 여름의 꽃 수국이 가을을 맞아 땅 속에 들어가는 것은 끝이 아니라 동토에서 인고의 시간을 보낸 뒤 다시 여름을 맞아 피어날 준비를 하는 것입니다.

# 이미 와 있는 미래

미국의 공상과학소설가 윌리엄 깁슨은 '미래는 이미 와 있다. 단지 널리 퍼져있지 않을 뿐이다'라는 유명한 말을 했는데, 이 말이 지금 우리에게 절실히 다가와 있습니다.

최근에 출판된 롤랜드버거의 〈4차 산업혁명〉의 부제는 아예 〈이미 와 있는 미래〉로 되어 있습니다.

4차 산업혁명을 맨 먼저 제기한 클라우스 슈밥도 극적인 변화의 문은 '이미' 열렸음을 강조합니다.

지난 산업혁명과는 달리 4차 산업혁명은 "새 시대의 문이 열렸음을 미처 알아채기도 전에 이 변화의 거대한 물결은 세상 곳곳을 덮치고 말 것"이라고 전망한 것입니다.

인공지능이 가져올 전문직의 미래를 연구한 리처드 서스킨드 등에 의하면 로봇 약사가 혼자 200만 건 이상의 처방을 실수 없이 조제할 수 있고, IBM의 인공지능 왓슨은 최고위 임원에게 경영컨설팅을 합니다. 뿐만 아니라 암 진단을 돕고, 치료 계획을 제시해 줍니다. 따라서 의사, 변호사, 회계사 등 대부분의 인간 전문가는 도태되어 '전문가의 종말'시대가 온다는 것이지요.

"이런 상황에 저항하지 않고 받아들이는 사람만이 '기회'를 얻을 것"이라는 어느 의사의 역설이 우리의 입을 다물게 만듭니다.

## 사랑은 도달하지 못하는 것

사랑에 대해서는 학술연구 보다는 소설, 영화, 오페라 등에서 다양한 방법으로 접근하고 있는데, 아마도 사랑에 대한 정의는 세상에 존재하는 작가의 수만큼 많을 것입니다.

알랭 드 보통 같은 소설가는 사랑을 감정적 차원에서만 보지 않고 분석적으로 다뤘는데, 그는 상대에 대해 자료나 정보가 불충분할 때 사랑에 빠질 수 있으며, 상대방에 대해 전체적인 정보를 가지게 되면 오히려 사랑은 성립하기가 어렵다고 보았습니다. 그리고 대부분 누구를 사랑한다기보다는 사랑 자체를 사랑한다는 씁쓸한 결론도 내리고 있습니다.

재일 한국인 학자 강상중 교수는 일본 소설가 나쓰메 소세키, 이치로 등의 작품을 소개하면서 사랑의 에고이즘을 부각시키는데, 즉 에고이즘적 사랑의 극치는 '상대를 소멸시키는 것'이라고 했습니다. 사람의 마음은 시시각각 변하기 때문에 사랑이 식는 것을 두려워해서 상대를 최고로 사랑하고 있을 때 소멸하고 싶어 하거나, 서로의 애정이 최고조에 이르렀을 때 끝내고 싶은 마음이 생긴다는 것입니다.

이렇듯 사랑은 뭔가 설명할 수 없는 미묘함이 있는데, 활활 타오르는 불꽃만이 사랑이 아니라 타다 남은 잿속에 남아 있는 불씨도 분명 사랑입니다.

## 천재와 광기

천재들의 공통된 요소 가운데 하나는 '광기'입니다. 일반인의 상상을 초월하는 삶의 방식을 가지고 있지요. 노벨과학상 수상자들이 '선생님 말을 듣지 말라', '학생 시절 숙제를 한 번도 하지 않았다'는 등의 말을 들었을 때도 우리의 생각과는 전혀 다른 그들만의 세계가 느껴져 많이 놀랐습니다.

대표적인 예로 천재 기업인 스티브 잡스를 떠올릴 수 있는데, 그의 삶도 순탄하지 않았습니다. 결혼을 하지 않고 연인 사이에 딸을 두었지만 자신이 친아버지라는 사실을 인정하지 않다가 소송에서 패소한 뒤에야 친자라는 것을 받아들였습니다.

본격적인 사업을 하기 전에는 히피차림으로 수 개월 동안 인도와 네팔 등을 전전하기도 했습니다. 정상적으로 학교를 다니지도 않아 그의 최종 학력은 리드칼리지 6개월 중퇴입니다.

'다르게 생각하기'가 그의 삶의 방식이었는데, 그의 사고의 핵심은 '가슴과 영감'이었습니다. 우리는 스티브 잡스를 통하여 '스티브 잡스 같은 천재가 세상을 바꿀 수 있다. 그러나 일반인은 스티브 잡스처럼 행동해서는 안 된다'는 '모순'을 받아들일 수밖에 없습니다.

# 실패한 삶과 성공한 삶

훌륭한 교수, 문필가, 정부의 장관으로 활동했고 지금 80이 훨씬 넘은 고령임에도 열정적으로 활동하고 있는 이어령 교수는 어느 인터뷰에서 "자신은 '실패한 삶'을 살았다"고 고백했습니다. 그 이유는 "동행자가 없어서"라는 것이었습니다. 혼자서 그림자만 보면서 숨 가쁘게 달려왔다는 것이지요.

동행자란 힘들거나 어려울 때 곁에 있으면서 서로 기댈 수 있는 관계를 말하는데, 이어령 교수가 동행자가 없었다는 것은 그의 분주한 삶이 원인이었을 수 있지만 그의 '완벽을 향한 노력'도 일조를 했을 것입니다. 완벽주의는 미완의 상태를 받아들이지 못하기 때문에 울림 있는 삶을 살기가 어렵습니다. 약간 부족함이 있을 때 다른 사람의 마음을 헤아리게 되고, 동행자를 만날 수도 있지요.

재능 있는 사람은 수시로 자신의 재능을 통해 자기를 확인하려고 하기 때문에 팍팍한 삶을 살게 됩니다.

최근 이어령 교수는 사랑을 강조합니다. "사랑하라, 더 사랑하라"고 주장합니다. 동행자가 없어 실패한 인생이라고 스스로 인정한 '이 시대의 지성'은 '영원한 성공'을 꿈꾸며 창조적인 작업에 매달리고 있습니다.

그것이 진정 성공한 삶이 아니겠는지요.

# 뇌는 익숙한 것을 지키려 한다

인간의 정신적, 육체적 활동의 대부분은 뇌의 지시에 의해 이루어지지만 뇌 활동은 의식하지 않은 상태에서 진행되기 때문에 쉽게 간과해 버립니다.

뇌는 자신에게 이로운 것을 선택하는 것이 아니라 평소에 유지해 왔던 익숙한 것을 지키려고 합니다. 나쁜 습관을 바꾸고 싶지만 이러한 뇌의 속성 때문에 바꾸기가 쉽지 않습니다. 비만인 사람이 다이어트에 어려움을 겪는 것은 뇌가 익숙했던 비만 상태로 자꾸 돌아가려고 몸부림치기 때문입니다.

감정도 마찬가지입니다. 불안이 습관화되면 걱정거리만 기억에 남고, 감사함이 몸에 밴 사람들은 항상 감사한 일들이 먼저 떠오릅니다.

익숙한 것을 지키려는 것이 뇌의 본성이지만 그렇다고 바꿀 수 없는 습관은 없습니다. 새로운 습관을 형성하기 위해서는 구체적인 목표를 세워야 하는데 초기에는 뇌의 거부로 고통스럽고 귀찮지만 그 목표를 향해 반복된 행동을 계속 한다면 습관을 새롭게 만들 수 있습니다. 즐거워서 웃는 게 아니라, 웃으니까 즐거워지는 것도 하나의 습관입니다.

"어제와 똑같이 살면서 다른 미래를 기대하는 것은 정신병 초기 증세"라는 아인슈타인의 말을 기억해 봅니다.

## 운명처럼 받아들여야 할 일

게르하르트 슈뢰더 전 독일 총리는 "매력적인 한국인 김소연 씨와 결혼할 계획"이라고 발표하여 우리를 놀라게 하였습니다. 독일 총리였던 그가 27세 연하의 한국인과 결혼한다는 사실과 그의 5번째 결혼이라는 점은 관심을 끌만했지요. 슈뢰더는 "남은 생의 반을 한국에서 보내겠다"고 했습니다.

그들의 결혼은 그가 인용한 〈햄릿〉속 대사처럼 '운명처럼 받아들여야 할 일'인 것 같습니다. 슈뢰더의 자서전 〈문명국가로의 귀환〉을 보면 그는 당시 '유럽의 환자'로 조롱받던 독일사회를 대대적으로 개조해 나갔습니다. '개혁조치는 정치적 자살'이라는 경고에도 멈추지 않고 국가의 장기이익을 위해 과감한 결단을 내린 것입니다.

특히 지지층의 반대에도 불구하고 사회복지와 경제계획을 추진했다는 것에 주목할 필요가 있습니다. 전범 국가인 독일 총리로서 그는 같은 전범 국가인 일본의 역사 인식에 안타까움을 표명한 바도 있습니다.

평창동계올림픽의 남북단일팀과 관련하여 '승리보다 참여'가 올림픽 정신임을 강조한 그는 '대화를 통해 동서독이 가까워졌고 통일도 가능했다'고 독일 통일의 경험을 이야기했습니다. 세계 유일의 분단국가인 우리에게는 무척 의미있는 경험담이 아닐 수 없습니다.

## 유아교육에 대한 제안

정책의 중요도에 있어서 순위를 정하기는 어렵습니다.다만 먹고 사는 문제가 절실하기 때문에 경제에 관심이 많은 것은 사실입니다. 그러나 국가의 장기적 발전 목표로 볼 때 '사람'을 육성하는 교육이 가장 중요합니다.

교육 중에서도 그 중요도는 유·초·중·고·대의 순서이어야 하지만 우리나라는 순서가 거꾸로 되어있지요. 유아교육의 정상적인 발전을 위하여 두 가지를 제안해본다면,

첫째, 어린이집과 유치원을 통합해야 합니다. 현재 유치원은 교육부, 어린이집은 보건복지부에서 관리를 하는데 이는 교육의 효율성과 일관성면에서 잘못된 것입니다.

둘째, 국공립을 확대하여 책무성과 공공성을 강화하겠다는 의도는 옳으나, 사립과 국공립에 대한 정부의 차별은 교육현장의 혼란과 불평등을 야기하므로 이를 바로잡아야 합니다. 사실 한국의 유아교육은 100년 동안 사립이 주도해왔다고 볼 수 있습니다.

헌법은 모든 국민의 '균등하게 교육받을 권리'를 명시했습니다. 사립 교육기관은 국가가 해야 할 일을 대행하기 때문에 중고등학교처럼 민간 어린이집과 유치원에 대한 지원을 국공립수준으로 확대하여 의무교육화 해야만 교육의 형평성 유지와 학부모 혼란을 막을 수 있습니다.

교육은 유아교육부터 바로잡아야 합니다.

## 하늘의 마음으로 살아라

중용은 '양 극단의 의견에서 균형을 잡는 것'을 의미하나, 중국의 고전 〈중용〉은 이것이 결코 핵심은 아닙니다. '넘치지도 모자라지도 않게 조절하려는 힘'은 결국 '마음가짐'에서 나온다는 것이지요.

성균관대 이기동 교수는 〈중용〉을 통해서 '하늘의 논리'는 마음이나 정신이고, '땅의 논리는' 물질이나 몸이라고 설명합니다. 물질이나 몸을 중시하다보면 경쟁이 삶의 원리가 되고 주변 사람들과의 교감이 점점 감소되는 현상이 나타나지요.

이렇듯 오늘날 우리는 몸과 물질적 가치를 우선하는 '땅의 논리'로 살고 있으나 머지않아 마음을 중시하는 '하늘의 논리'가 강조되는 시대가 올 것으로 전망합니다. 이기동 교수는 이제 거의 변곡점에 왔기 때문에 앞으로 사람들의 가치관, 삶의 기준이 바뀌고 진짜 인간의 마음이 무엇인지를 추구하게 된다는 비교적 낙관론을 펴고 있습니다.

인간의 마음인 본성은 천부적인 것이기 때문에 역행하면 안 됩니다. 그런데 이 본성은 정성과 성실함이 핵심이지요. 이는 얼마 전 인기를 누렸던 영화 〈역린〉에서 인용한 〈중용〉 23장에 잘 나타나 있습니다.

"오직 세상에서 지극히 정성을 다하는 사람만이 나와 세상을 변화시킬 수 있다."

# 추억은 기억이 아니라 해석이다

가끔 '사랑'에 대해 강의를 하고 글도 쓰니까 어느 분이 "당신은 사랑에 대한 이론은 박사급인 것 같은데 실전은 약하시지요?"라는 농담을 걸어옵니다. 그러면 나는 "사랑에는 실전이 없습니다. 어느 날 갑자기 아침햇살처럼 맑고 영롱한 빛이 가슴속으로 스며들어 왔다가 땅거미지듯 어슴푸레 사라지는 것이 사랑입니다. 그러나 낙담할 필요는 없지요. 앞이 캄캄하고 외로운 밤을 잘 참아 내면 다시 햇살이 올 겁니다." 라고 답을 하지요. 사랑은 부딪쳐서 따내는 실전상황이라기 보다는 철학적 성찰이 요구되는 진지한 삶의 원리입니다.

이에 대해 권혁웅 시인은 사랑은 순간을 영원한 것으로 고정시켜주는 스냅사진이라고 했습니다. 설령 사랑이 끝났다고 생각하는 사람도 자신에게 무수하게 다시 돌아오는 영원입니다. 따라서 사랑의 추억은 더 이상 과거가 아니라 현실이 됩니다. 그것은 기억의 일부가 항상 가슴 속에 아름다운 향수로 남아 있기 때문입니다.

그러나 반대로 미국 영화 〈메멘토〉에 '추억은 기억이 아니라 해석'이라는 대사도 나옵니다. 과거에 '열정적으로 사랑했다'고 말한다면 그것은 '기억'이라기보다는 그렇게 '해석'을 한다는 것이지요.

## 모든 사람은 완벽하게 불완전하다

자신의 생각에서 욕심을 빼내면 조금은 허전하겠지만 욕심의 그 자리를 흐뭇함으로 채울 수 있습니다. 누가 자신을 배신하면 정말 살맛이 나지 않겠지요. 그러나 그것이 삶의 반성과 성찰, 그리고 다짐으로 이어질 수 있습니다.

혼자 고립이 되면 외롭지만 가슴속 작은 길을 따라 걷게 되니 다른 사람들이 더욱 소중해집니다. 남에게 무엇을 빼앗기면 억울하지만 모자람이 더 큰 풍요로 환치될 수 있습니다. 그래서 세상은 공평하지요. 그러면서 양면성이 있습니다. 아름다움에도 가시가 있고, 눈물 뒤에는 희망이 있습니다. 마음만 비운다면 억울할 것이 없습니다. 이렇게 세상이 공평하다는 것을 인정하는 것은 '타자'에 대한 인정이 전제되어야 합니다.

타자를 인정하는 것은 성과에 매달리는 것이 아니고, 좋은 것과 나쁜 것을 이분법적으로 분리하는 것도 아닙니다. 타자를 느끼지 못하면 결국 자기 스스로도 느끼지 못해서 공허함에 빠질 수밖에 없지요.

나를 어떻게 바꿔 나가야 하는지, 무엇으로 보람을 느껴야 하는지, 꾸준히 자신을 성찰하는 것은 공평한 세상을 스스로 만들어 내는 기본자세지요. '모든 사람은 완벽하게 불완전하다'고 인정해야 역설적으로 스스로를 존중하는 것입니다.

## 인간 상호간에는 차이보다 공통점이 많다

인간은 상호간에 차이보다는 공통점이 더 많지요. 1990년에 시작하여 2003년에 끝낸 '인간 게놈 프로젝트'에 의하면 모든 사람은 99.9%가 동일한 유전자 암호를 보유하고 있다고 합니다. 사실 모든 인간 존재와 나 자신은 하나로 연결되어 있습니다. 이렇게 공통점이 더 많이 존재함에도 불구하고 사람들은 사람 사이의 차이를 강조하고 있습니다.

주위에서 아주 사소한 일로 갈등을 빚는 경우를 종종 보게 됩니다. 우리 모두가 완벽하지 않고 부족한 게 많은데도 다른 사람들에겐 완벽한 것을 요구하여 이런 갈등이 생깁니다. 또한 자신의 행위는 잘 합리화 하면서도 상대방의 행위를 이해하는 데는 인색합니다. 오히려 자신보다 상대방의 부족한 부분을 더 따뜻하게 바라봐야 하는데도 말입니다.

2년 전 혜민 스님이 4년 만에 신작을 출판했는데, 책 제목이 〈완벽하지 않는 것들에 대한 사랑〉입니다. 자신의 마음에 들었을 때만 사랑하는 것이 아니라 마음에 들지 않아도 사랑을 멈추지 말아야 한다는 뜻이겠지요.

우리는 친구 간에든 애인 간에든 다툼과 갈등이 많은 세상에 살고 있지만, 인간 상호간에는 비슷한 점이 많다는 것을 늘 염두에 두고 다른 사람에 대한 사랑과 관심을 돋우어 나가야겠지요.

## 아이들은 우리 모두의 아이다

엊그제도 인근 초등학교 운동장에서 걷기를 하는데 7시쯤 되니까 아이들이 여행용 가방을 들고 모여들기 시작했습니다.

"너희들 어디 가니?"

"2박 3일 수학여행을 떠나요"

즐거운 표정을 감추지 못하는 아이들은 한결같이 청바지에 점퍼 차림이어서 외관상으로는 전혀 차이를 느끼지 못했지만 이 아이들 각자의 환경도 차이가 없을까요? 수학여행 용돈을 주지 못해 마음 짠했을 어느 엄마의 마음이 생각났습니다. 이런 어두운 생각을 하고 있노라니 마음이 가볍지 않았습니다.

췌장암으로 일찍 세상을 떠난 랜디 포시 교수는 평생 아이들 사랑으로 유명했지요. 그분은 "부모의 임무란, 아이들이 일생동안 즐겁게 할 수 있는 일을 찾고, 그 꿈을 열정적으로 쫓을 수 있도록 격려해 주는 것"이라고 했습니다. 모든 부모들도 포시 교수와 생각과 마음은 똑같겠지만 현실적으로 그렇게 해 줄 수 있는 부모는 많지 않습니다.

공직생활을 할 때부터 소망이 있었는데, 그것은 '부모의 재산이나 사회적 지위에 따라 아이들의 평생 운명이 좌우되어서는 안 된다'는 것입니다. '아이 하나를 키우기 위해서는 마을 전체가 필요하다'는 아프리카 속담이 생각나는 아침입니다.

# 4

# 따뜻한 리더십

## 왜 법치주의인가?

한국에 자주 오는 프랑스의 문명비평가 기 소르망 교수는 한국을 위한 조언을 하면서 '법치주의를 강화하라'고 권고한 바 있습니다.

법치주의는 국민이 법을 지키라는 의미 보다는 국가나 권력자가 헌법과 법률에 따라서 나라를 운영하고 국민을 통치하는 것을 말합니다.

따라서 법치는 법 위에 군림하거나 법을 지키지 않는 사회적 강자에 대한 규제로부터 시작되어야 합니다. 이와 같은 법의 지배에 관한 사상은 고대 그리스·로마시대 이래 현대까지 계승되었는데, 법치주의의 필요성에 대해서는 중국의 정치사상가 법가(法家)의 문헌에도 상세하게 설명되어 있습니다.

일단 법가는 법을 잘 받드는 나라가 강한 나라이고, 그렇지 못하면 약한 나라라고 전제하면서 법 지상주의를 선언하였습니다. 법치주의가 바로서야 권력자의 잘못을 바로 잡을 수 있고, 예외를 인정하지 않는 공평한 사회가 되는 것입니다.

당시 춘추전국시대의 법치 원칙은 군주의 권력을 강화하기 위한 수단으로 이용되기도 하였지만, 법에 의한 지배, 즉 법치주의의 정신은 오늘날 민주국가에서도 실현되어야 할 원칙이며 가치임은 분명한 사실입니다.

# 대통령의 서재

대통령이 공개적으로 '배신의 정치'를 거론한 적이 있습니다. 당시 여당 원내대표의 언행이 당의 정체성과 맞지 않다는 점을 꼬집은 말입니다.

이에 몇몇 여당 의원들은 대통령의 지적에 공감하여 그의 사퇴를 강력히 종용하였고, 결국 대표직에서 물러나기에 이르렀습니다.

이러한 사실에 대해 재미 신학자 강남순 교수는 '대통령의 서재'라는 글을 썼습니다. 그는 도대체 대통령은 어떤 책을 읽길래 '민주주의에 역행하는' 발언을 했느냐에 대한 의문을 제기한 것입니다.

그는 칼 포퍼를 인용하면서 어느 한 정치인이 '개별인'으로서 정치적 판단과 입장을 가지는 것을 '배신'이라고 규정하는 것은 부적절하고, 만일 그러한 주장이 정당하다 할지라도 그에 상응하는 논리로 비판하고 합리적으로 설득하면 되는 것을 자신들의 입장과 상이하다고 해서 '배신'이라고 규정하는 것은 민주주의 원리에 맞지 않다는 것이었습니다.

대통령이나 국회의원이라 해도 완벽한 존재가 아닌 이상 끊임없이 자신을 성숙시킬 수 있도록 '책 읽기를 통한 이해의 지평 확대'가 절실히 요구되는 것은 이 일로 더욱 명백해졌습니다.

## 집에 오니까 좋다...

버락 오바마 미국 대통령은 두 번의 대선 승리 후 연설을 했던 그의 정치적 고향 시카고에서 고별연설을 했습니다.

"집에 오니까 좋다"

는 말로 시작한 그의 연설은 대선 당시 자신의 구호인 '우리는 할 수 있다', '우리는 해 냈다', 그리고 '할 수 있다'를 외치며 연설을 마무리 했습니다.

오바마는, 미국 민주주의의 진화는 국민에 의해 이뤄졌다는 점을 여러 번 강조했습니다. 그리고 그는 "나는 국민들로부터 배웠다. 국민이 나를 더 좋은 대통령으로 만들었다"며 자신을 낮추고 국민을 높였습니다.

오바마는 2009년 대통령 당선 연설에서 "우리의 민주주의 역량에 의문을 제기 하고 있다면 오늘 밤, 그 답이 나왔다"고 말했는데, 고별연설에서도 "국민이 있기에 대통령이 있고, 민주주의가 있으며, 헌법이 그 힘을 발휘하고, 변화를 이룰 수 있다"고 미국 민주발전의 덕을 국민에게로 돌렸습니다.

미국도 많은 문제를 안고 있는 나라이지만 정치지도자들이 국민을 최우선으로 생각하고 존중하는 태도는 본받을 점입니다.

## '다보스포럼'의 시진핑

매년 세계적인 유력 인사들이 대거 참가해 정치, 경제 및 문화에 이르는 폭 넓은 분야에 걸쳐 토론을 벌이는 '다보스포럼'이 올해도 열렸습니다.

'소통과 책임의 리더십'을 주제로 열린 올해의 다보스포럼은 어느 때보다도 무거운 분위기였는데요.

다만 특이한 것은 올해 처음으로 중국의 시진핑 국가 주석이 참여하여 트럼프 대통령 당선인을 의식한 듯 보호무역 기조에 반대하는 입장을 분명히 했습니다.

시 주석은 이날 연설을 통해 "세계화를 향한 중국의 노력은 쉬운 일이 아니었지만, 우리는 세계화에서 살아남는 법을 배웠으며 이런 노력은 계속 될 것"이라고 했습니다.

그러나 시진핑 주석의 언급과는 다르게 중국 내 외국 기업들은 갈수록 심해지는 중국의 보호무역주의 정책에 힘겨워하고 있는 것이 사실인데, 주중 독일대사는 시 주석은 "빈말이 아님을 행동으로 증명해야 한다"고 꼬집었습니다.

시진핑 주석은 올해 다보스에서 가장 주목 받은 지도자임은 분명하나 정작 중국 내에서 해결해야 할 많은 숙제가 있다는, 외면할 수 없는 각국의 지적을 떠안고 다보스를 떠났습니다.

# 따뜻한 리더십

'세계에서 가장 검소한 대통령'으로 불리던 호세 무히카 우루과이 대통령은 2년 전, 28년 된 자가용을 손수 몰고 자택인 소박한 농가로 떠난 바 있습니다.

무히카 대통령은 과감한 결단으로 경제재건을 이룩했고, 소통과 신뢰의 따뜻한 리더십으로 국민의 사랑을 받았습니다. 그 결과 물러나는 시점의 지지율은 65%에 이르렀습니다.

또 한사람은 룰라 브라질 대통령입니다. 물러난 후 한때 비리 추문에 휩싸이기도 했으나 그의 퇴임도 빛났었습니다.

집권 8년 동안 경제성장률이 이전 정부에 비해 두 배 이상 높았고 1,500만개의 일자리가 만들어졌으며 2,800만 명을 빈곤에서 벗어나게 한 그는 퇴임 무렵 87%의 지지율을 기록했습니다.

이들의 공통점은 저소득층에 대한 특별한 배려입니다. 룰라 대통령은 "왜 부자들을 돕는 것은 '투자'라고 하고 가난한 이들을 돕는 것은 '비용'이라고 말 하는가"라고 외쳤고, 무히카 대통령은 "생명보다 더 귀중한 것은 존재하지 않습니다"라는 말을 남겼습니다.

좌파, 우파라는 도식적인 구분은 다 제쳐두고 빈곤 퇴치에 앞장섰던 그들의 리더십은 따뜻하기만 합니다.

# 인간의 본성과 바른정치

맹자는 인간에게는 '불인지심(不忍之心)'과 '측은지심(惻隱之心)'이 있다고 했습니다. 그래서 임금이 바른 정치를 하는 이른바 왕도정치가 가능하다고 했지요.

'불인지심'은 남을 해치지 못하고, 남의 불행과 고통을 차마 보지 못하는 착하고 어진 마음을 말합니다. '측은지심'은 남이 위급하고 어려운 처지에 있는 것을 측은해 하는 마음을 말합니다.

맹자는 이러한 마음은 이성적 판단이나 계산을 통해 나오는 것이 아니라 본능적으로 나오는 것이라고 했습니다.

이것을 다르게 해석하면 권력을 가진 사람들은 '불인지심'과 '측은지심'이 있어 바른 정치를 할 수 있다는 의미 보다는 권력을 가진 사람에게는 인간의 본성일 수도 있는 '불인지심'과 '측은지심'이 필수적인 요건이라고 말할 수 있는 것입니다.

어려운 처지를 보고 눈물을 흘릴 수 있는 정치인, 그 어려움을 도와주려는 따뜻한 마음을 가진 공직자들이 있을 때 사회가 바로 설 수 있습니다.

과거에 바람직한 리더십으로 강한 개성을 꼽았다면 지금은 달라졌지요. 바른 지도자는 작고 나약한 목소리라도 진지하게 경청하고 나목에 달랑이는 나뭇잎의 흔들림 하나도 그냥 지나치지 않는 섬세한 마음을 가져야 합니다.

# 오바마 리더십

어느 리더십 연구가는 오바마를 '비범함으로 평범함을 실천하는 리더' 라고 평가했습니다. '평범함의 비범'이라는 말은 들어봤지만 '비범함의 평범'은 좀 생소합니다.

오바마는 혼혈이며 어머니의 재혼으로 잦은 이주를 하는 등 보잘 것 없는 가문에서 자랐습니다. 그러나 그는 하버드 로스쿨과 민권 변호사, 그리고 상원의원을 거쳐 대통령에 당선된 비범한 위치에 있음에 틀림없습니다.

이러한 비범한 위치에 서 있는 그가 평범한 사람의 눈높이에서 정책을 구사했다는 점에서 그는 비범하지만 '평범함을 실천하는 리더'로 불리게 된 것입니다.

오바마는 정치인으로서는 드물게 서민적이고 친근한 이미지로 대중을 사로잡습니다. 정치인은 국민의 대표이기 때문에 구성원 중 가장 다수를 차지하는 평범한 대중들을 위한 정책을 세우기 위해 노력해야 된다는 것이 그의 정치철학이지요.

그래서 그는 다수 구성원의 이해와 요구에 귀 기울이면서 겸양의 미덕을 발휘했습니다. 그러면서 항상 서민과 대중을 높게 평가했지요. 그는 "의미 있는 변화는 항상 일반 대중에게서 시작된다는 것을, 그리고 함께 일하는 시민들이 엄청난 것을 이룰 수 있다"는 것을 인정한 리더십의 소유자입니다.

# '기울어진 운동장' 원리

과학자들은 30년에서 100년 후부터 기계가 인간의 지능을 대체하기 때문에 현재의 불평등은 극도로 악화되어 사실상 민주주의는 위기를 맞는다고 예측합니다.

경제학자들도 불평등이 점점 심각해지는 추세는 민주주의에 매우 부정적인 영향을 미친다고 주장하지요. 경제학자들이 규명하는 불평등은 시장원리에 의해 유발된 것이 아니라 정치에 의해서 형성되고 확대되었다고 진단합니다. 이렇게 경제 게임 규칙은 정치에 의해서 결정되기 때문에 시장은 정치에 의해서 규정됩니다.

여기서도 '기울어진 운동장' 원리가 적용되는데, 운동장은 미국을 비롯한 많은 나라의 상위 1퍼센트에게 유리한 쪽으로 기울어져 있습니다. 그래서 이미 '시민적 덕목'은 그 위력을 발휘하지 못하고 있어 정치 불신이 팽배해진다는 것이지요.

한편 지금까지 민주주의의 중추 세력은 중상층이었는데 노동시장의 양극화로 인하여 중상층마저 공동화되었고 그들이 중시하는 공정성은 훼손될 수밖에 없습니다.

언론도 역시 상위 1퍼센트에 의해 영향을 받아 유권자들에게 균형 잡힌 정보를 제공하지 못하고 있습니다. 민주주의는 우선적으로 신뢰가 회복되어야 하고 신뢰는 불평등의 완화로부터 살아납니다.

## 퍼트남 교수의 우울한 진단

'사회적 자본' 연구의 세계적 석학인 로버트 퍼트남 하버드대 교수가 서울대에서 특별 강연을 한 적이 있습니다. 그는 미국 사회는 지금 경제적 불평등, 정치적 양극화, 사회적 고립, 문화적 나르시시즘의 상태에 빠졌다고 진단하였습니다. 이러한 우울한 진단은 미국만이 아니라 한국에도 그대로 적용할 수 있지요. 근본 원인은 무엇일까요?

퍼트남 교수는 60년대부터 '우리'보다는 '나'를 강조하는 사회가 되는 과정을 그래프로 설명했는데, 원인은 여기에 있지 않을까요?

이미 오래 전부터 달라이 라마는 '나'보다는 '우리'를 강조하였습니다. 그는 우리가 서로 차이점에 주목하지만, 행복을 갈망하고 고통을 피하길 원한다는 점에서 같은 인간 존재라고 말합니다. 그래서 타인과의 깊은 연결감, 인간으로서의 진실한 유대감, 삶의 방향을 '나'에서 '우리'로 이동시키는 공동체의식이 확대되어야 한다고 하였지요.

그럼에도 불구하고 퍼트남 교수가 진단한 미국이나 한국 사회에는 공동체주의 보다는 개인주의가 득세하고 있습니다. 이 우울한 진단의 근본적인 해결방법은 시간은 좀 걸리겠지만 사람들 사이의 협력을 가능케 하는 사회적 자본의 확충이라고 생각합니다.

# 경제적 불평등 해소하기

정치학자인 마이클 샌델 교수도 세계 많은 나라들이 경제적 불평등이 심화되고 있음을 우려하고 이러한 불평등은 민주주의에 필요한 '공공의 결속'을 방해한다고 지적합니다. 샌델 교수는 이러한 현상을 '부자와 빈자의 삶이 점점 더 분리된다'고 설명하고 있지요.

부유층은 정부나 지자체에서 제공하는 공공서비스를 외면합니다. 대신 건강, 힐링, 교양 등을 위한 질 좋은 민간시설을 선호하며 교육도 상당부분 사교육에 의존합니다. 당연히 정부의 공공서비스 확대에 필요한 증세에는 부정적일 수밖에 없지요.

이러한 현상은 공공의 공간에서 다양한 계층의 소통과 접촉을 축소시키고 있으며 이는 시민적 유대감과 공동체 의식의 저하로 이어집니다.

따라서 마이클 샌델은 이러한 불평등은 민주사회의 기반이 되는 '시민적 덕목'을 파괴시킨다고 주장합니다. 그래서 부자와 가난한 사람간의 공동체 의식을 확대시키는 정책이 요망됩니다.

나는 오래전부터 정부에 다양한 계층이 같이 이용할 수 있는, 그러면서도 민간시설에 뒤지지 않는 질 좋은 공공시설과 수준 높은 프로그램의 공급을 주문하고 있습니다. 이것이 불평등을 다소나마 완화시키는 길일 것입니다.

## 민주주의의 역설

민주주의는 일을 더디게 추진합니다. 민주주의는 높은 사람들은 불편하고 낮은 사람들이 상대적으로 편합니다. 민주주의는 100퍼센트가 없습니다.

민주주의는 선수 자신들이 승부를 결정하는 것이 아니라 관중이 승패를 결정합니다. 민주주의는 비민주적인 사고를 가진 사람일수록 더 자주 언급하는 단어입니다. 민주주의는 평등을 향유할 수 있는 제도가 아니라 평등의 저해요소를 제거해 나가는 제도입니다. 민주주의는 절대적 자유를 제한해야 상대적 자유를 확대 시킬 수 있습니다. 민주주의는 보수가 지키고 진보가 개선합니다. 이렇듯 민주주의는 많은 역설이 존재하는 제도입니다.

그래서 민주주의에 대해 많은 논문을 쓴 바 있는 미국의 로버트 맥키버 교수는 "민주주의는 한 단계씩 한 단계씩 전진하면서 이 모양 저 모양으로 움직이면서,… 때로는 혼란에 빠지면서,… 결코 완전히 목적을 달성하지 못하면서, 또한 그 자체의 약점을 결코 잊지 않고 그 잘못을 시정하는데 인색하지 않으며,… 오랜 시일에 걸쳐서 나타나는 방식"이라고 했습니다.

따라서 현시점에서 본다면 민주주의는 인류가 만들어 낸 최선의 제도이지만 현실적으로는 완벽한 실현은 불가능한 이상적인 제도입니다.

## 트럼프의 국회연설 후기

트럼프의 국빈방문 시 대한민국 국회에서 행한 연설은 지금도 여운이 남습니다. 트럼프의 국회연설 전에 그의 평소 거친 말투를 우려한 시각이 있었고, 북한에 대해 던지는 메시지의 강도, 그리고 한미동맹에 대해 취할 그의 입장이 궁금했습니다.

그러나 연설 후 대부분의 언론, 정치권 뿐만 아니라 국민들도 호평을 하였지요. 김영희 중앙일보 대기자는 '놀라운 트럼프'라는 제목으로 "미국의 정치인에서 세계의 정치가로 변신하는 계기였다"고까지 극찬을 하였습니다.

그의 연설을 들은 네티즌들도 '쉽고, 간단하고, 명확한 문장', '절제된 표현', '명연설', '새로운 면모' 등이라고 평가하였습니다. 트럼프는 남북한에 대한 풍부한 지식과 정보력을 바탕으로 한국의 발전상과 북한 주민들의 참상을 극명하게 대비시켜 우리 국민들에게 공감과 감동을 선사했습니다.

현재의 휴전선은 "'탄압받는 자'들과 '자유로운 자'들을 가르는 선이 됐다"거나 '눈부신 빛'과 '어둠의 덩어리' 라는 상징적인 언어로 남북사회를 구별하였습니다.

그러나 무엇보다도, 트럼프가 이번 연설을 준비하는 과정에서 '한국현대사'를 정확히 숙지하여 '바로 보게' 되었다는 점에 더 큰 의미가 있다고 할 수 있습니다.

# 소셜미디어와 정치

소셜미디어의 발달은 정치에도 많은 영향을 미치고 있습니다. 과거 정치적 리더십의 키워드는 명령, 통제, 지휘였는데 요즘에 이르러서는 소통, 공유, 개방으로 바뀌었습니다.

이것도 소셜미디어가 몰고 온 사회적 변화의 결과일 것입니다. 국내외를 막론하고 선거 전략도 바뀌고 있는데 그 중심에 소셜미디어가 있습니다.

이제는 '인물 부각'이 아니라 유권자를 존중하면서 자신을 낮추는 겸손한 태도가 대세를 이룹니다. 소셜미디어 시대의 정치는 자신의 정보를 상세히 공개하면서 소통하려는 노력과 함께 겸손한 태도가 필수적입니다.

점차적으로 공유, 무상서비스, 약자보호 같은 '공감모델'이 확대될 것입니다. 그러나 소셜미디어의 발달은 사회를 분열시키고 '극화(極化)현상'을 더 강화시킬 수도 있지요.

극화현상은 자신과 비슷한 의견에는 귀를 기울이고 거기에 자신의 의견을 더함으로써 스스로를 그 방향으로 강화시키지만 반대의 의견에는 귀를 닫는 현상입니다.

그럴 경우 '가짜 뉴스'의 생산과 전파, 개인 미디어에 의한 조작 가능성이 상존합니다. 따라서 소셜미디어의 컨텐츠 개발로 국민의 행동을 효과적으로 예측할 수 있고 투명성이 증대되지만, 사회분열이나 집단갈등이 심화되는 문제점이 대두될 수도 있습니다.

# 디지털 시대의 권위

'권위'의 어원은 '신뢰할만한 원전(原典)'에서 연유되었는데, 그 후 권위는 '지위상 다른 사람들의 복종을 받을 만한 사람'을 지칭하는 뜻으로 사용하게 되었습니다.

두 경우 모두 권위에는 신뢰와 정당성이 기반을 이루고 있지요. 이러한 신뢰와 정당성은 내가 주장해서 생기는 것이 아니라 내가 의무를 다하고 남들이 이를 인정해 줄 때 생기는 것입니다.

요약하면 의무를 다하는 '신뢰'와 이를 지지해주는 '정당성'이 권위의 원천입니다. 일반적으로 가정에서 아버지나 어머니의 권위가 형성돼 있습니다. 그런데 아버지, 또는 어머니이기 때문에 권위를 인정받는 것이 아니라 아버지나 어머니가 가족을 위해 의무를 다하고 그것을 가족들이 인정할 때 비로소 생기는 것입니다.

디지털 시대에는 모든 것이 세상에 노출되어 있기 때문에 대중의 기호와 선택에 의해서 걸러집니다. 그러니까 대중의 마음을 얻는 것이 중요하며 그런 뜻에서 권위의 부여는 대중에게로 돌아갔다고 말 할 수 있습니다.

그러나 한 가지 유념할 점은 디지털 시대에 행해지는 '대중영합'에 대한 경계입니다. 인기를 위한 감각적이고 감성 위주의 지나친 행태는 자칫 정치의 본질을 왜곡시킬 수 있기 때문입니다.

## 링컨의 유머

링컨은 남북전쟁이 한창일 때 노예제 폐지와 관련한 토론에 참가하였습니다. 상대는 링컨을 '두 얼굴을 가진 사람'이라고 비난하였습니다. 이때 링컨은 "만일 저에게 또 다른 얼굴이 하나 더 있다면 지금 이 얼굴을 하고 다니겠습니까?" 라고 응수하였지요. 적절한 유머로 상황을 역전시켰습니다.

링컨의 인상은 그다지 좋다고만은 할 수 없어서 턱수염까지 기르고 다니는 것을 청중은 다 알기 때문이었습니다. 유머는 타인의 마음을 얻는 강력한 수단입니다. 또한 '마음을 움직이는 부드러운 카리스마'이지요.

자칫 경직될 수 있는 토론 상황에서 유머를 사용하는 기지를 발휘하는 것은 한 단계 더 높은 논리를 전개할 수 있는 여유와 자신감을 만들 수 있습니다.

선진국 정치인들은 유머가 몸에 배어있습니다. 연설을 할 때도 유머로부터 시작하여 청중들을 편안하게 만들지요. 하지만 우리나라의 현실은 전혀 다릅니다. 유머는 커녕 막말과 천박한 언어로 자신들의 감정을 드러내기 때문에 상대는 물론이고 듣는 사람들에게 전혀 공감을 얻지 못하지요. 공격할 땐 하더라도 일단 긍정적인 부분은 인정해주면서 '그러나(however)' 용법으로 비판하면 좀 더 품격 있는 정치의 장이 이루어지지 않을까요.

# 내조자적 리더십이 아쉽다

성경에는 훌륭한 인물들이 많이 등장합니다. 바울과 바나바, 여호수아와 갈렙도 그들 중 한 사람이지요. 성경학자들은 이들을 두 가지 형태의 리더십으로 구분합니다.

하나는 지도자적 리더십입니다. 앞에서 일을 만들거나 조직하고, 비전을 세워 역사를 이끌고 나갑니다.

다른 하나는 내조자적 리더십인데 보이지 않는 곳에서 일의 뒤처리를 하고, 마무리도 하며, 복잡한 것을 정리하고, 상대와 협력합니다.

비단 성경에서 뿐만 아니라 현대사회에서도 지도자적 리더십과 내조자적 리더십이 융합되어 조직이 발전하고 진화되지요. 이것이 균형을 이루지 못할 때 조직의 성장 동력이 떨어질 수밖에 없습니다. 국내 외, 특히 우리나라에서 많은 국민들은 정치권에 실망합니다. 그 원인은 바로 지도자적 리더십만이 난무하고 내조자적 리더십은 없거나 보이지 않기 때문입니다.

정치인들은 상대를 공격하고 자신들의 능력과 업적을 자랑하지만, 이해관계를 절충하고 협력하는 사람은 찾아보기 쉽지 않습니다. 완충의 역할이나 공간이 없는 것이지요. 다시 말해 싸우는 사람과 말리는 사람이 있어야 화해와 협력이 가능한데, 모두가 싸움꾼이 된다면 민생은 멀어지고 갈등만 증폭되는 모양새인 것입니다.

## '국민의 나라'에서 '시민의 사회'로

사회학자 송호근 교수는 '나는 과연 시민인가'를 자문하면서 '아직 진정한 시민이라고 단언하기가 주저 된다'고 했습니다. 좀 의아한 자문자답이지요. 국립대학 교수가 시민이 아니라니요? 송교수는 지금 우리는 '아직도 국민시대'에 살고 있다고 했습니다.

그러면 국민과 시민이 어떻게 다른가요.

미국 대통령은 보통 '친애하는 시민여러분'이라고 말문을 여는데 우리 대통령은 '친애하는 국민여러분'이라고 합니다. 아마 우리 대통령이 '친애하는 시민여러분'이라고 하면 듣는 사람들이 어리둥절할 것입니다.

송 교수에 의하면 국민은 '국가명분에 수직적으로 동원된' 개체이며 시민은 '사익을 추구하는 존재'인 동시에 '타인의 자유를 존중하는 존재'라고 규정하였습니다. 다시 말하면 시민은 공동체에 대한 권리와 책임을 가지고 있지요. 국가의 권력은 시민에게 위임받은 것이라는 전제 아래 시민은 국가 권력을 견제하는 동시에 저항적 성격을 가지고 있습니다.

민주주의는 절차가 중요하지만 더 중요한 것은 시민의 참여와 판단입니다. 따라서 국가의 통제와 시민의 자율이 선순환 관계를 이룰 때 민주주의가 정상화 될 것입니다.

'국민의 나라'에서 '시민의 사회'로의 발전을 기대해 봅니다.

## 정치에 대한 소크라테스의 충고

소크라테스는 2400여 년 전 사람입니다. 그런데 그때나 지금이나 정치의 속성은 크게 변하지 않은 것 같습니다. 소크라테스는 언변이 좋고 미남이며 대중의 인기를 누리는 자신의 애제자 알키비아데스의 정치참여를 적극 만류했습니다.

명분은 정치를 하기 위해서는 먼저 '배워야' 한다는 것이었지만 그 보다 알키비아데스는 나랏일 보다는 자신의 정치적 야망을 앞세운다고 생각했기 때문입니다. 소크라테스는 자신의 정치적 야망을 위해서 뛰다보면 많은 사회적 손실과 타인의 희생이 뒤따른다고 주장했지요.

정치인들이 봉착하는 딜레마는 유권자의 의사에 따를 것인가, 나라의 이익을 먼저 고려할 것인가에 대한 갈등입니다. 당연히 나라의 이익을 우선해야 하지만 그럴 경우 다수 유권자의 지지를 받기 어려워 선뜻 용기를 내지 못합니다.

6월 지방선거가 다가오니까 많은 사람들이 출마선언을 합니다. 그분들에게 소크라테스의 충고를 전해드리고 싶습니다. 나랏일을 하기 위한 충분한 경험, 능력, 도덕성이 있는지, 대중의 인기 보다는 나라의 이익을 우선할 수 있는 용기가 있는지, 자신보다는 '어떤 바람'에 의존하고 있지는 않은지, 그리고 같은 편이어도 자를 수 있는 공정성이 있는지?

# 역사와 승부

지도자는 역사와 승부를 해야 합니다. 그러기 위해서는 자기 자신에 대한 신뢰와 타인에 대한 상호 신뢰가 맞물린, '신뢰의 힘'을 바탕으로 역사에 승부를 걸어야 합니다.

지도자는 학생 동아리 모임의 회장으로부터 대통령에 이르기까지 단위별로 수없이 많지만 국가 지도자는 국민들이 공감하는 다양한 정책을 통해 지지를 확보하면서 지도자 자신의 비전을 실현하는 것이 중요합니다. 그래도 국민은 항상 일상에서, 서로 상충되기도 하는 다양한 요구를 제기합니다. 지도자는 이것을 조정하고 해결해주어야 합니다.

한편, 일상의 요구에 따른다고 해서 시대의 요구, 역사의 요구에 역행해서는 안됩니다. 문제는 지도자 자신이 선택해야 하는 일의 대부분은 '정답'이 없다는데 있습니다. 그래도 역사에 책임을 지기 위해서는 결단을 할 수밖에 없겠지요.

고독을 견딜 수 있는 인내, 위험을 무릅쓰는 용기, 자신의 모든 것을 던지는 결단력은 결국 역사와 승부하는 리더십의 필수 요건이 됩니다. 그렇다고 '외로운 영웅'이 될 필요는 없습니다. 정치게임을 같이 감당할 동지는 꼭 필요하기 때문입니다.

# 착한 권력

권력의 의미는 다양하고, 그 종류도 수없이 많습니다. 합법적 권력도 있고 강압적 권력도 있습니다. 통치자의 권력도 있고 가족 사이에도 권력이 상호 작용합니다. 일반적으로 권력은 어떤 사람이나 집단이 다른 사람이나 집단에 영향력을 미칠 수 있는 능력을 말합니다.

역사적으로 본다면 권력은 폭력이나 억압의 형태로 구현되는 경향이 많았고, 자신의 목표를 달성하기 위해 다른 사람의 주장을 억압하거나 통제하는데 사용되기도 하였습니다.

그러나 시대는 바뀌었습니다. 억압이나 통제의 '권력시대'는 우리로부터 멀어지고 '다수 목소리의 시대'로 접어들게 되었습니다. 따라서 오늘날의 권력은 수많은 목소리들이 불협화음으로 이어지지 않도록 조정하는 힘입니다.

이와 관련하여 힐러리 클린턴은 '스마트 파워'라는 개념을 제시하였지요. 이는 다른 사람들의 말을 경청하고 다른 사람들의 요구에 응답하는 권력입니다.

권력을 가진 사람은 재독 한인 학자 한병철 교수의 다음의 말을 명심해야 합니다.

"권력의 시대는 지나갔다. 권력이라는 하나의 목소리는 다수의 목소리에 자리를 내주고 있다."

## 테러보다 더 인간의 권리를 훼손하는 것

많은 성직자들은 현실정치나 경제에 대해 일정한 거리를 두고 있습니다.

얼마 전에 작고한 빌리 그레이엄 목사도 정치적인 문제에 질문을 받으면 '성직자들은 정치에 대해 알고 있는 것이 너무 적다'는 말로 대답을 대신합니다. 그러나 프란치스코 교황의 행보는 전혀 다릅니다. 그분의 예외적인 행보는 논란을 빚기도 하지만 신선한 충격과 각성을 불러오기도 하지요.

교황이 쓴 책 〈이놈의 경제가 사람잡네〉의 첫 페이지 첫줄은 "우리는 소외와 불평등을 가져오는 오늘날의 경제에 대해 '멈춰!'라고 소리치며 거부해야 합니다"라는 도전적 어록으로 시작됩니다.

프란치스코 교황은 가난한 사람들, 소외된 사람들, 장애인들을 '지나치게 강조한다'는 비난을 받을 정도로 '가난의 경제학'을 설파합니다. 교황은 인간의 권리는 '살인적 테러나 억압에 의해서만 훼손되는 것이 아니라' 오히려 '극심한 가난과 불평등을 가져오는, 불의한 경제 구조에 의해 더 위협받고 있다'고 언급하지요.

이러한 의견과 관련하여 노벨경제학상을 수상한 미국의 조지프 스티글리츠 교수는 "상위계층에게 돌아가는 부는 하위계층을 '희생'시킨 데서 나온 것이다"라는 말로 교황의 주장을 뒷받침해주고 있습니다.

## 개혁의 성공은?

개혁은 '가죽을 바꾼다'는 뜻입니다. 얼마나 고통스러운 작업일까요? 역사적으로 개혁을 시도한 정치가는 많이 있습니다. 아담 스미스가 〈국부론〉에서 제기한 중국의 실질적 마지막 황제인 청나라 광서제가 강유위와 함께 시도한 개혁은 결국 힘이 뒷받침되지 못해 실패했고, 조선시대의 정도전은 이성계의 지원을 받아 '조선의 설계자'라는 평가를 받을 만큼 일단 개혁에 성공했으나 결국 이방원에 의해 살해되어 미완의 개혁가가 되었지요.

현대적으로 개혁의 어려움을 설명한 사람은 아담 쉐보르스키입니다. 그는 개혁은 "고통이 수반되는 '전환의 계곡'을 넘어야 하는데 이 과정에서 많은 어려움과 고통이 수반된다"고 하였습니다. 기술관료와 정치인, 기업인과 일반 대중 사이의 이해관계가 다르기 때문에 합의를 이루기가 어렵다는 것이지요.

노벨 평화상을 받은 고르바초프 소련 초대 대통령의 회고록에 의하면 '행복한 개혁가는 존재하지 않는다'고 했습니다. 개혁추진에 있어 의도가 좋고 방향이 잘 잡혀 있어도 결과는 전혀 다르게 나타날 수 있기 때문입니다. 따라서 개혁의 추진은 점진적으로, 그리고 이해 당사자들 간의 광범위한 협의와 합의가 이루어져야 성공할 수 있습니다.

# 긴자 마담과 미국 대통령의 대화법

좀 오래된 얘기지만 일본 긴자의 미쓰이 사쿠라라는 유명한 마담이 자신의 경험을 통해 체득한 성공적인 대화법, 〈긴자 마담이 이야기하는 성공하는 남자, 성공 못하는 남자〉라는 책을 출판한 바 있습니다. 깊은 맛은 없을지라도 마담의 섬세한 관찰은 많은 공감을 주고 있습니다.

첫째는 상대와 얘기할 때는 '여럿 중의 하나'가 아니라 '오직 당신 뿐'이라는 자세로 말하라는 것입니다.

둘째는 기분은 직구로, 협상은 변화구로 던지라는 것입니다.

셋째는 상대가 불평을 쏟아 놓을 때는 대화의 속도를 늦춰라. 저지하면 불평이 더 커진다는 것입니다.

넷째는 상대가 관심을 보일 때는 한 걸음 물러서라. 연애 뿐만 아니라 비즈니스에도 적용된다는 것입니다.

다섯째는 대화의 마지막은 항상 희망적으로 매듭지으라는 것입니다.

그녀의 대화법을 읽으면서 트럼프가 연상이 됩니다. 트럼프는 김정은을 '오직 당신 뿐'이라는 듯이 추켜세우면서 직구와 변화구를 번갈아 던지지요. 북한의 태도에 따라 속도를 내기도 하고 늦추기도 하며, 관심을 보일 때는 꼭 조건을 답니다. 그러면서 마지막으로는 희망적인 메시지를 던지지요.

그러나 가장 효과적인 대화법은 상대에 대한 배려와 진정성이 아닐까요?

# 나팔보다 안테나를 높여라

헤밍웨이는 주로 다른 사람들의 말을 경청하였다고 합니다. 일반적으로 예술가나 대문호에게서는 찾아보기 힘든 모습이지요. 헤밍웨이 스스로 열심히 들으면서 많은 것을 배웠다고 고백했는데, 배움이라는 것은 우연히 이루어지는 것이 아니라 상당한 인내와 의지가 필요합니다.

인류 최초로 남극점과 북극점을 모두 탐험하여 세계적 명성을 얻은 아문센도 자신의 능력만 믿었다기보다는 항상 주변 사람들에게 기꺼이 배우려는 자세를 가졌다고 합니다. 도움이 되지 않을 듯한 곳에서도 배우고 탐구하는 정신이야말로 성공과 실패를 갈라놓는 기준이 될 듯합니다.

미국에서 40년 가까이 대학총장을 지낸 분에게 장수 비결을 질문하니까 '나팔보다 안테나를 높였다'고 대답하였습니다. 나팔처럼 떠드는 것 보다는 안테나처럼 상대의 의견을 흡수하는 것이 필요하다는 것이지요. 어려운 문제를 잘 처리하고 오랫동안 자리를 지킨 가장 큰 무기는 바로 경청이었습니다.

다만 경청의 리더십을 가졌던 세종대왕은 한글창제 때나 황희 정승 발탁을 반대하는 신하가 많았지만 양보하지 않고 끊임없이 토론하여 결국 설득시켰지요. 따라서 경청은 곧 양보를 의미하는 것이 아님도 동시에 알아야 되겠지요.

## 알리, '혼의 몸부림'

프로복서 무하마드 알리가 미국의 명문 프린스턴 대학에서 명예 인문학박사 학위를 받은 사실은 많이 알려지지 않았습니다. 그리고 그에게 체육학이나 보건학이 아닌 인문학 박사를 수여한 것을 의아해 하는 사람들도 많이 있습니다. 프린스턴 대학에서는 그의 어떤 점을 높이 평가했을까요?

종교학자 정진홍 교수가 지적하였듯이 '삶의 팽팽한 긴장 속에서 펼쳐지는 거대한 혼(魂)이 바로 인문학의 정신'이라고 한다면 알리야 말로 여기에 부합하는 인물입니다. 그는 두 번이나 세계챔피언의 자리를 잃었다가 다시 찾았습니다. 광기라고 할 만큼 무한한 열정을 가졌기에 그는 자신의 삶을 '혼의 몸부림'으로 만든 것입니다.

뿐만 아니라 알리는 링 안에서는 상대 선수와 싸웠지만 링 밖에서는 인종차별이라는 편견과 싸워온 사회운동가입니다. 그래서 알리는 대통령으로부터 민간인에게 주어지는 최고의 훈장인 '자유훈장'을 받았고, 타임지 선정 20세기 가장 영향력 있는 인물 100인에도 선정되었습니다.

이렇듯 알리가 보여준 '혼의 몸부림'은 우리에게 '자존감의 회복'이라는 인문학의 핵심을 전달해 준 것입니다. 편견을 안고 태어난 그가 결국 편견을 이겨낸 그 정신이 널리 실현되었으면 하는 바람입니다.

# 더 많이 실수하고 더 우둔하게 살자

시장 임기를 마감하면서 앞으로 '인생을 어떻게 살까'하는, 어쩌면 좀 부질없는 상상을 해 봤습니다. 과거에는 무엇인가를 이루려고 발버둥 쳤고, 약점을 잡히지 않으려고 여유 없이 살았으며, 손해를 보지 않으려고 억척을 떨었습니다. 미국의 스티어라는 작가는 저와 똑같은 질문을 하면서 '지금보다 더 우둔해지리라'고 답하였습니다.

사실 공직은 일이라기보다는 사명이었고 삶 그 자체였습니다. 좋게 애기하면, 영혼을 맑게 닦아 주고 삶의 가치를 발견하는 하나의 수행(修行)이라고도 생각했습니다. 업무가 곧 삶이며 수행이라는 마음을 가졌어도 그것을 체현하지 못함으로서 많은 사람들에게 불편함과 실망을 드렸다는 것이 솔직한 평가입니다. 앞의 스티어처럼 더 많이 실수하고, 더 우둔하게 산다는 것은 '자유'라는 말과 통하지요.

〈그리스인 조르바〉의 저자 니코스 카잔차키스는 그의 묘비명에 '나는 아무것도 원하지 않는다. 나는 아무것도 두려워하지 않는다. 나는 자유다'라고 썼다지요. 그렇지만 자유인이 된다는 것은 더 어렵습니다. 그가 말한 것처럼 원하는 것이 없고 두려움이 없어야 자유를 얻을 수 있기 때문입니다. 그래서 더 실수하며, 더 우둔하게 살고 싶습니다.

## 불편하지만 최선인 민주주의

과연 민주주의는 불편한 제도일까요? 윈스턴 처칠은 "민주주의가 이렇게 불편한 제도인줄은 몰랐다. 그렇지만 민주주의보다 더 나은 제도가 없으므로 나는 민주주의를 위해 목숨을 바친다"라고 말했습니다. 이렇게 민주주의가 불편다고 느껴지는 이유는 공공선이나 공동체의 질서를 위해 제한하는 것이 많기 때문입니다.

권력을 가진 사람도 자의적 권한 행사에 제약이나 견제를 받기 때문에 '제 마음대로 하기'가 어렵습니다. 자유도 마찬가지입니다. 자유로운 상태가 되면 더 불편하고 괴로워지기 시작합니다. 자유에 어느 정도 제한을 주는 것이 오히려 더 살기 편하고 행동하기 쉽습니다. 그래서 에리히 프롬은 '자유로부터의 도피'를 주장한 것이지요. 프롬에 의하면 인간은 자유로워지면 다시 불안을 느끼기 때문에 자유로부터 도피하는 모순된 존재라는 것입니다. 재일 한국인 정치학자 강상중 교수는 "사랑할 자유를 얻게 되면서 사랑으로부터 점점 멀어지는 아이러니가 존재한다"고도 말했습니다.

이렇게 보면 사랑을 하는 것이나 사회조직과 유대를 맺는 것도 자유를 일정하게 포기하는 것입니다. 따라서 인간의 자아는 자유의 주체이면서 동시에 자아를 부자유의 속으로 몰아넣는 모순된 존재인 것입니다.

## 다시 자본주의를 생각한다

자본주의의 출발은 도덕적 토대와 뗄 수 없는 관계였습니다. 절약과 검소함 그리고 근면함을 통해 부가 축적되는 경험을 하였지요. 그러나 19세기 이후, 기업가 중심의 자본주의가 활성화되면서 기업가는 근면하고 검소한 노동보다는 사치와 향락의 주인공이 되었습니다.

아담 스미스적 인간의 선한 의지가 아니라 탐욕 때문에 자본주의가 왜곡되고, 번영 대신에 빈곤과 빈부격차가 양산되었습니다. 막스 베버가 강조한, '욕심을 깨우면서도 동시에 자제시킬 줄 아는데 있다'는 자본주의 정신은 실종되었지요.

행복도 마찬가지입니다. 과거에는 행복은 가치의 실현에 있는 것으로 생각했으나 근래에는 개인의 쾌감과 즐거움을 추구하는 '자유로운 권리'로 인식하게 되었습니다. 다시 베버의 말을 빌자면 '영혼이 없는 전문가', '가슴이 없는 쾌락주의자'가 자본주의 문명이 낳은 최후의 인간이 된 것입니다. 그러나 지금도 근검과 절약 정신을 이어가는 기업가들도 많이 있어 그런대로 자본주의는 유지되고, 또한 즐거움과 쾌락이 충만한 삶보다는 자기성찰로 자신의 가치를 실현하면서 행복을 얻는 사람들도 많이 있습니다.

자본주의나 행복도 돌고 돌아 다시 고전적으로 돌아가야 한다는 당위가 여기에 있습니다.

## 다시 민주주의를 생각한다

민주주의는 제도로서 완성되는 것이 아니라 시민의 일상적 실천을 통하여 완성됩니다. 미국 국립인문재단 설립 취지문에 '민주주의는 시민의 지혜를 요구한다'고 쓰여 있다고 합니다. 그래서 고려대 조성택 교수는 '함께 살아가는 지혜'를 시민의 덕목으로 제안한 바 있지요.

조성택 교수는 우리 몸의 중심은 가슴이나 마음이 아니라 내 몸의 '아픈 곳'이라는 의미 있는 주장을 하면서, 세상의 중심도 '아픔이 있는 곳'이라고 했습니다. 가난, 질병, 차별, 무시 등이 있는 곳 말입니다.

오래전에 연세대 김상근 교수는 우리의 아픈 곳을 지적했습니다. 지금의 대한민국을 '아포리아'로 규정한 것이지요. 아포리아는 고대 그리스에서 만들어진 개념으로 '해결방안이 없는 심각한 난관'을 뜻합니다. 이는 위기보다 더욱 심각한 단계로 '길 없음'의 상태입니다.

그리스도 여러차례 아포리아 시대를 경험하였지요. 그러나 이는 어느 정치인도 극복하지 못했고 플라톤이나 소크라테스 같은 철학자들이 '교육'을 통해 이겨냈습니다. 그들은 지도자와 국민들에게 절제와 헌신, 그리고 정의를 실천하라고 가르쳤습니다.

한국의 민주주의를 위해서도 '시민의 지혜'를 사회적 자산으로 만들어야 합니다.

## '따로 또 같이'의 힘

우리 몸에는 오른손도 있고 왼손도 있습니다. 당연히 구분은 되지만 분리시킬 수는 없습니다. 한 몸이기 때문이죠. 두 손이 같이 있어야 몸의 기능을 제대로 발휘할 수 있고 불편도 없을 것입니다. 특히 무엇을 간절히 원하거나 기도를 할 때 두 손을 한데 모으고 맞잡습니다.

우리 사회에도 오른손과 왼손처럼 다름은 있을 수 있지만 어느 하나가 틀린 것은 아닙니다. 다름을 인정하고 협력해야 사회는 발전하고 평화롭게 되지요. 정책적으로도 좌파와 우파가 있고 진보와 보수가 있습니다. 어느 하나가 진선진미한 것은 아니지요. 서로 경쟁하고 비판하면서 각기 보완을 해 나가야 합니다. 그러다보니까 유럽의 몇몇 나라는 좌파, 우파 그리고 진보, 보수가 수렴을 하게 되어 보수와 진보의 한계도 애매하게 되었습니다. 아무튼 상대를 인정하고 협력하는 것은 바로 '따로 또 같이(alone together)'의 힘이 아닐는지요.

이에 대해, 동국대 유진아 교수는 '같이 함이 없는 따로는 외로운 자멸을 동반한다'고 하였고, 고려대 김우창 교수는 '자기 체념 없이 객관적 사물의 인지는 없다'는 말을 하였지요.

이 문제에 대해 우리 언론은 제 역할을 다 하는지 묻고 싶습니다.

# 사랑은 신에 가장 가까운 모습

세상을 살다보면, 특히 사업이나 정치를 하다보면 배신행위를 많이 경험합니다. 배신을 생각할 때 마다 마키아벨리의 〈군주론〉의 한 문장이 떠오릅니다. 〈군주론〉에 "인간이란 은혜를 모르고, 변덕스러우며, 위선자인데다 기만에 능하며, 위험을 피하고, 이득에 눈이 어둡다. 당신이 은혜를 베푸는 동안 온갖 충성을 바친다. 당신을 위해 피를 흘리고, 자신의 소유물, 생명 그리고 자식마저도 바칠 듯 행동한다. 그러나 당신이 궁지에 몰리면 등을 돌린다"라고 쓰여 있는데, 얼마나 정확한 묘사인가요.

이러한 현상은 500년 이상 변하지 않은 인간의 악한 모습입니다. 그러나 큰 은혜를 입었어도 자신의 이익을 위해 추호의 망설임도 없이 돌아서는 사람이 그렇게 많지는 않을 것입니다.

항상 선의를 가지고 있는 사람, 어려운 사람을 위해 조금 가진 것 마저 내주는 사람, 작은 은혜를 크게 생각하여 평생 고마움을 간직하는 사람이 이 세상에는 많이 있어, 고단한 삶을 위로 받을 수 있습니다.

결국은 사랑하는 마음을 길러야 합니다. 셰익스피어는 사랑은 신에 가장 가까운 모습이라고 했습니다. 사정이 바뀌어도 변하지 않는 것이 진정한 사랑이고 여기에 배신은 설 자리가 없지요.

# 문명은 억압과 강요의 산물인가?

18세기, 유럽의 부르주아들은 '문명'이라는 신조어를 만들어 냈습니다. 현재도 마찬가지이지만 당시의 의미는 '미덕과 이성이 제 자리를 찾음'이었습니다.

그런데 20세기에 들어와 독일의 사회학자 엘리야스는 〈문명화 과정〉이라는 책에서 문명화는 '권력'에서 비롯되었다는 독특한 주장을 하였습니다. 그는 벌거벗은 몸을 부끄러워하고, 한 그릇에서 함께 음식을 퍼 먹지 않고, 손수건으로 코를 풀게 되는 문명화 과정은 궁정에서부터 시작되었다고 주장합니다. 궁정에서의 예절과 위계가 확립된 귀족의 새로운 사회적 존재양식이 다른 계층에 전파되기 시작한 것이지요.

저자인 엘리야스는 권력 독점을 토대로 인간관계가 형성된 궁정에서의 경쟁의 추동력은 개인에게 영향을 미치고 있다는 점을 파악해 낸 것입니다. 궁정에서 권력의 지배전략은 '상호의존'과 '차별화'라는 모순이 끝없이 긴장하고 경쟁할 수밖에 없었습니다.

억압과 강요의 산물인 문명은 개인이 장기적인 목표를 위해 순간적인 충동을 억제할 수 있는 자제력을 갖게 되었지만, 한편으로는 소외감, 겉치레 같은 자기모순을 만들어낸 것입니다. 이처럼 문명이 위선과 자기모순을 만들어낸다면 인간 자율성의 회복은 한낱 꿈일는지요?

# 지나친 몰입은 객관성을 잃는다

로마 최고의 천재였던 율리우스 카이사르는 '왔노라, 보았노라, 이겼노라'는 승전보를 로마 원로원에 띄운 사람으로 유명합니다. 동양인이 쓴 서양사라고 알려진 〈로마인 이야기〉에서 시오노 나나미는 현재 유럽의 아이덴티티는 카이사르로부터 비롯되었다고 표현할 정도로 그를 극찬하지요.

그는 대규모 전쟁에서 승리하고 '종신 독재관'이 된 뒤에도 혁혁한 개혁을 성공시켜 로마 공화제에 새로운 방향을 제시한 사람이었습니다. 그런 그도 로마 원로원의 절반 이상이 가담한 자신에 대한 암살기도는 눈치 채지 못했습니다. 원로원 회의에 참석하러 온 그를 무참하게 살해한 사람 중에는 그의 신복이었던 브루투스도 끼어 있어서 '브루투스 너 마저'라는 유명한 말을 남기기도 했지요.

예리한 동물적 후각까지 지녔다는 그가 왜 이렇게 허망하게 당했을까요? 그는 페르시아 원정이라는 새로운 목표에 지나치게 몰입했기 때문입니다. 무엇에 몰입하는 것은 뭔가를 이루어내기 위한 긍정적 기운일 수 있지만, 그것이 지나치다보면 아무리 유능한 사람도 사고의 객관성을 잃는다는 교훈을 우리에게 주고 있습니다.

정치나 사업에서 갑자기 크게 이룬 사람들은 카이사르가 주는 교훈을 항상 명심해야 되겠습니다.

# 우리 안에 있는 잠재력을 깨워라

요즘은 '깨워라'라는 말이 가슴에 와 닿습니다. 언젠가 어느 여류 명사의 '잠자는 사랑과 성공을 깨워라'라는 강연도 그렇고, 애플의 공동창업자 워즈니악이 창의와 혁신의 인재가 나오려면 교과서대로 가르치는 교육 대신에 스스로 도전하고 깨닫는 교육환경을 만들어라'고 주장하면서 모든 가능성을 스스로 '깨워야' 성취할 수 있다고 한 말도 기억납니다.

이에 대한 심도 있는 논의는 당연히 앤서니 라빈스의 〈네 안에 잠든 거인을 깨워라〉에서 비롯되지요. 천재로 알려진 아인슈타인도 '자기 뇌가 갖고 있는 능력을 극히 미미한 일부분 밖에 쓰지 못했다'고 합니다. 일반인 보다 조금 더 활용 했을 뿐이지요. 따라서 인간은 누구나 엄청난 잠재력을 갖고 있음을 알 수 있습니다.

앤서니 라빈스는 '마음속에서 확장하고 발전시키고 싶은 부분은 즐거움과 연결시키고, 버리고 고쳐야 할 부분은 고통과 연결시켜 보상함으로써 거인을 깨워나가는 것'이라고 '깨워라' 과정을 체계화 했습니다.

성경에서도 '깨워라'를 강조하고 있는데 여기에서의 의미는 '정신 차리라'는 뜻이지요. 육체 뿐만 아니라 의식과 마음이 깨어 있어야 인간을 받쳐주는 선한 에너지가 나온다는 뜻으로 해석할 수 있습니다.

## 인간적인, 너무나 인간적인

욕심이 없는 것만큼 '큰 욕심'은 없습니다. 오히려 욕심이 없는 사람에게서는 두려움까지 느껴집니다. 그만그만한 욕심이 있어야 인간적이어 보이고 또 적당한 욕심이 있어야 일도 잘 하지 않을까요?

실수를 하는 것도 인간적인 모습입니다. 실수를 전혀 하지 않는 사람은 실수를 하는 사람 밑에서 일한다는 말이 있지요. 설거지를 하지 않는 사람은 접시도 깨지 않고 스키를 타지 않는 사람은 스키장에서 넘어지지도 않습니다. 따라서 실수와 실패도 인간적인 모습입니다.

뿐만 아니라 다른 사람들에게 완벽한 모습을 보이는 것 보다는 조금 허술해보여도 인간적인 모습이 더 호감을 줍니다. 부하직원들에게도 권위보다는 친근감을 느끼게 만들 때 진정한 리더십을 확보할 수 있습니다. 이와 같은 인간적인 모습은 니체의 〈인간적인 너무나 인간적인〉에 잘 나타나 있지요.

니체는 세상은 오류투성이고, 절대적인 진리와 영원한 사실은 없다는 것을 인정하였습니다. 또한 니체는 인간적인 모습을 '자유정신'에서 찾았습니다. 그 어떤 체계와 규율에도 얽매이지 않는 지극히 자유롭고 홀가분하게 방랑하는 정신과 관습적인 것에서 해방된 정신을 말하고 있습니다.

결국 '인간적인 것'은 인간의 불완전성과 자유로움을 말하고 있습니다.

# 자신감은 아름다움이다

어느 대학 졸업식에서 축사를 하였습니다. 사실 대학을 졸업하는 젊은이들에게 '신나는' 얘기를 해 줘야 하는데 그러기에는 그들이 처한 환경이 대체적으로 너무도 어렵기 때문에 무거운 마음으로 말문을 열었습니다.

에이브라함 링컨의 젊은 시절을 소개하면서 오늘 졸업하는 어느 누구도 링컨의 젊은 시절보다 조건과 환경이 더 나쁘지 않았음을 상기시켰습니다. 따라서 링컨이 평생 실천했던 수치심과 수모를 참아낸 인내, 자기를 무시하는 사람들에게 베풀었던 용서와 관용, 언제 어디서나 겸손했던 그의 진정성을 따라해 보면 오늘 졸업하는 졸업생도 어떠한 어려움이라도 극복할 수 있을 것이라는 점을 강조하였습니다.

뿐만 아니라 졸업생들에게 '여러분은 여러분 스스로를 믿으십시오. 여러분은 여러분 스스로를 좋아하십시오. 여러분은 내가 제일 능력이 있다고 생각 하십시오'라고 격려하였습니다. 이렇듯 자신감은 불가능을 없애주는 아름다움이기 때문에 '나는 할 수 있다'는 자신감을 가져달라고 당부했습니다.

마지막으로 불확실한 미래에 대한 두려움을 걷어내고 '한번 해 보자'라는 마음으로 세상을 향해 호기 있게 첫 걸음을 내딛는 졸업생의 당찬 도전에 뜨거운 응원의 박수를 보낸다고 축복해 주었습니다.

## 후회 없는 삶

누군가에게 성공이 무엇이냐고 물으니까 죽을 때 덜 후회하는 것이라고 대답했습니다. 미루지 말고, 하고 싶은 일을 다 하면서 살아간다면 후회를 덜 남기게 되겠지요. 후회를 남기지 않으려면 한마디로 '최선'을 다하는 삶이어야 합니다.

많은 사람들은 지름길을 원하지만 인생에서 지름길은 없습니다. 다른 사람보다 더 많이 노력하면 더 많이 배우게 되고 더 많이 유능해져서 결국 뜻을 이루게 되지요.

달라이라마는 새벽에 눈을 뜨면 사랑과 자비에 대한 가르침을 맨 먼저 생각했다고 하지만 범인들은 '오늘도 최선을 다하자'는 것이 '최선'이겠지요.

그런데 관점을 달리해서 후회를 철학적으로 분석하면, 스피노자가 〈에티카〉에서 말한 것처럼 '우리가 정신의 자유로운 결단으로 했다고 믿는 어떤 행위에 대한 관념을 수반하는 슬픔'입니다. 무슨 일이든 정신의 '자유로운 결단'으로 했다고 믿는 것은 일종의 오만이라는 것이지요. 따라서 후회는 자의식이 강한 사람에게 자주 찾아오는 감정입니다. 스피노자가 암시하듯이 인간의 어떤 행위가 자신의 자유로운 결단에서 이루어진 것이 아니라는 점입니다.

따라서 인간의 원천적인 한계를 인식하면서 최선을 다하는 것만이 후회 없는 삶이 됩니다.

# 선한 권력

일반적으로 '권력'에 대해서는 부정적입니다. '절대 권력은 절대 부패한다'는 말도 있고 권력은 '강압과 권모술수로 쟁취한다'는 말들이 우리 삶에 깊이 스며들어 있습니다. 그리고 국민들은 권력에 피해의식을 가지고 있습니다.

그런데 버트런트 러셀은 권력은 '의도한 효과를 만들어 내는 힘'이라고 했습니다. 여기서 중요한 것은 그 의도가 좋은 의도냐, 사악한 의도냐 하는 것이지요. 또한 권력을 수단이라고 생각할 때 유능한 수단이냐 아니면 무능한 수단이냐 하는 것입니다. 그래서 그것이 의도이든 수단이든 그 바탕에 깔린 가치가 중요한데 그것은 선해야 합니다.

이런 연장선상에서 대커 캘트너 버클리대 교수는 '권력의 역설'을 강조하지요. 그는 〈선한 권력의 탄생〉이라는 책을 통해서 권력은 얻는 것이 아니라 남이 주는 것인데, 공동체의 최대 선을 증진시키는 사람에게 주어지는 것이라고 했습니다.

캘트너는 '연민과 이타심이야말로 가장 강력한 권력'이라고 정의하였는데 사람들을 따뜻하게 대하고 마음을 알아줄 때 강력하고 대담한 힘이 생겨난다는 것이지요. 따라서 구성원에 대한 관심을 갖고, 공공의 이익을 위해 권력을 사용한다면 당연히 선하고 좋은 권력이 될 것입니다.

# 인문학의 아이러니

대학을 생각 할 때 마다 아쉬운 생각이 듭니다. 대학이 '취업준비소'로 전락했기 때문입니다. 이는 대학을 평가하는 정부가 자초한 일이지요. 취업을 평가의 주요지표로 삼았기 때문입니다. 다행히 제가 강의하는 대학은 다르지만, 많은 대학에서 정규 과목에서는 인문학이 줄어들고 기업 등에서는 '인문학 열풍'이 일어나는 아이러니가 나타나지요.

이러한 현상은 많은 경우 신자유주의와 결부되어 처세술을 터득하기 위하거나 부자가 되기 위해서 인문학이 동원되고 있기 때문에 나타나는 것입니다. 이런 상황에서 연세대 김상근 교수를 중심으로 한 '플라톤 아카데미'에서는 '인문학 본질'의 탐구에 초점을 맞춰 인문학 확산에 크게 기여하고 있는 점은 고무적입니다.

인문학은 인간에 대한 관심, 배려, 그리고 애정이 기본이겠지만, 한편으론 목사이면서 인문학을 강의하는 이상철 박사의 문제제기를 귀담아 들을 필요가 있습니다. 그는 인문학은 '인간의 탁월성을 계발하여 널리 인간을 복되게 하는 긍정의 정신'임을 인정하면서도 더 근본적으로는 '우리 시대의 고통과 슬픔의 원인이 무엇인지를 밝히고, 우리가 겪고 있는 비참과 탄식을 극복할 방도를 모색하는' 정신이라고 했습니다.

# 미국 국민은 왜 정부를 믿지 않는가

집권 3년이 지났을 무렵 노무현 대통령은 한 권의 책을 수석 및 보좌관 회의에서 소개를 하고 토론을 시킨 일이 있었습니다. 그 책은 1998년 당시 하버드대 죠셉 나이 교수 등이 쓴 〈국민은 왜 정부를 믿지 않는가〉라는 책이었지요.

죠셉 나이 등 12명의 하버드대 교수들은 미국내 정부에 대한 불신의 원인을 경제정책의 실패, 권위주의적 통치, 정치적 부패, 언론의 선정주의적 보도로 요약했습니다.

당시 청와대의 보좌진들은 이 책의 의미를 어떻게 해석했는지 궁금합니다. 만일 정부에 대한 불신은 '우리나라만이 아닌 세계적인 현상이다', 또는 '늘 발목 잡는 언론 때문이다'라고 위안을 받았다면 큰 착각이었을 것입니다. 죠셉 나이 교수 등이 지적하는 본질은 '정부에 대한 신뢰여부는 정부의 객관적 성과보다 이를 국민들이 어떻게 인식하느냐에 달려 있다'고 본 것입니다.

물론 당시 미국이나 현재 한국에서도 언론의 자극적 또는 왜곡 보도로 인하여 정부로서는 억울한 점도 많을 것이고 이 책에도 그런 점들이 기술되어 있습니다. 그러나 정부가 불신을 타개하려면 언론을 탓하는 자세보다는 정부로서의 자기역할을 분명하고 정직하게 수행하는 길 뿐임을 명심해야 하겠습니다.

# 다시 '사회적 자본'이다

철학자 야스퍼스는 '자기의 성'을 쌓는 사람은 반드시 파멸한다고 하였습니다. 이렇듯 현대의 가장 절박한 사회적 문제는 공동체 의식의 결여인 것 같습니다. 많은 연구에서 끈끈한 연대의식을 가진 공동체들은 범죄율, 사망률, 부정부패가 낮아지고 정부가 더 효율적으로 진화한다고 지적합니다.

그런데 공동체의식은 신뢰사회를 만드는 '사회적 자본'의 확충에서 키워질 수 있지요. 한국은 경제적 자본이나 인적자본은 선진국 수준인데 비해 신뢰수준이 기반이 되는 사회적 자본은 하위수준이며 오히려 점점 악화되고 있는 실정이지요.

그런데 정치권에서는 별로 관심이 없습니다. 왜냐하면 이것은 시민의식이나 문화를 바꾸는 사업이기 때문에 단기간에 효과가 나오지도 않기 때문일 것입니다. 정치인들은 임기 중 성과의 가시화를 기대하기 때문에 중요성에도 불구하고 관심을 덜 갖게 되는 것이지요.

따라서 이 일을 지방정부에 맡겨 마을공동체운동으로 활성화되면 상당한 동력을 얻을 수 있을 것입니다. 구체적으로 마을 합창단, 마을 극단, 마을 신문, 마을 공원, 마을 기업, 마을 협동조합, 마을 병원 등을 동네 단위에서 만들고 가정 친화적인 문화를 확산하는 프로그램을 운영하는 것이지요.

# 비통한 자들의 정치학

많은 기대를 모으고 출범한 정부·여당은 협치를 강조하면서도 실질적인 조치가 눈에 띄지 않습니다. 극우적 성향을 가진 적지 않은 야당 정치인들은 아직도 낡은 이념의 틀에서 벗어나지 못하고 동어반복적인 주장을 계속해 변화된 모습을 보여주지 못하고 있습니다.

일부 영향력 있는 대중매체들의 편견은 국민들에게 혼란과 무력감을 안겨주지요. 모두들 성급하게 단정하고 결론을 내립니다. 모순되는 주장들의 토론이나 설득과정은 찾아보기 힘듭니다.

따라서 한국정치를 보는 많은 사람들은 '비통한' 마음을 가질 수밖에 없습니다. 이때 미국의 사회운동가인 파커 파머는 〈비통한 자들을 위한 정치학〉이라는 저서를 내서, 한편으론 우리를 위로하는 반면 다른 한편으론 더욱 실망시킵니다.

그는 민주주의라는 것이 '끝이 없는 실험이고, 그 성과는 결코 확신할 수 없다'고 말하며, 이와 같은 현상은 많은 나라의 공통된 사정이라고 하고 있습니다. 그러나 우리가 민주주의를 위해 아무것도 할 수 없다는 절망감을 주기도 하지요.

정치나 경제문제는 너무도 광범위하고 어렵고 복잡하기 때문에 쉽게 단정할 수 없습니다. 여야 정치인들은 분파적, 양극적 사고를 지양하여 민주주의의 본질을 찾아 주기 바랍니다.

## '결정 장애'는 신중함이 아니다

우리는 수시로 크고 작은 일을 결정하고 선택합니다. 먹는 것, 입는 것 같은 사소한 일에서부터 직장이나 결혼 등 일생의 운명을 결정하는 선택도 있지요.

정부나 기업도 많은 선택을 해야 합니다. 그 결정의 영향은 국민과 회사에 직접 미치기 때문에 중요한 선택일 수밖에 없습니다. 그러나 대의에 따라 선택을 했어도 자신은 오해를 받거나 희생이 될 수도 있습니다.

1990년대 초 이스라엘의 국무총리였던 이츠하크 라빈은 팔레스타인과의 화해를 위해 이스라엘 영토를 포기하는 어렵고 고통스런 선택을 했고, 이 선택으로 이스라엘 사람들의 마음을 돌려놓는 데는 성공했지만 결국 그 선택으로 자신은 우파들로부터 암살을 당하고 말았습니다.

선택에 대한 저서를 낸 바 있는 스펜서 존스는 '선택과 결정은 도미노와 같다'고 했습니다. 하나의 선택이 다음 선택에 영향을 미친다는 것이지요. 이렇게 신중한 선택도 중요하지만 결정을 빨리 내리지 못하고 고민하는 '결정 장애'는 더 큰 문제입니다.

실패의 두려움 때문에 발생하는 지도자의 '결정 장애'는 '타인의 선택'으로 이어져 기회를 놓치고 맙니다. 이러한 결과는 오롯이 국민과 회사가 감당해야 할 몫이니 얼마나 큰 과오인가요.

## 인생은 순간순간이 합쳐진 역사

때늦은 사랑병에 걸린 후배의 뜨거운 눈물을 뒤로 하면서 저는 혼잣말로 중얼거렸습니다. '심한 고통과 시련이 항상 대기하지만 사랑을 할 때는 항상 행복한 것이란다. 너처럼 아픔과 가슴앓이가 있지만 사랑은 놀라운 기적도 만들어내니까…'

사랑도 이별도 나만 겪는 유일한 것은 아닙니다. 오히려 사랑을 절대적이라 생각하면 더 큰 상처를 받을 수 있고 자신이 생각하는 진리를 유일하다고 생각하면 더 큰 낭패를 맛볼 수 있습니다.

집중을 하는 것은 좋은 태도지만 지나치면 멀리 볼 수 없습니다. 세상의 모든 일은 상대적이라고 생각한다면 고통이나 시련도 보람이나 즐거움으로 환치될 수 있다고 믿어야 합니다. 그렇기 때문에 하루하루, 순간순간의 언행과 결정이 인생을 결정하게 되지요.

워털루 전투에서 패배한 나폴레옹은 절해고도 세인트헬레나섬에 유배된 뒤 최후를 맞았습니다. 그는 '오늘 나의 불행은 언젠가 잘못 보낸 시간의 보복이다'라는 말을 남겼습니다.

뭔가를 결정해야 할 때 결정을 못하고 실기를 하거나, 결정을 잘못한 것이야말로 보복을 잉태할 것이며 언젠가는 그것이 찾아오지요. 너무 큰 욕심도, 그렇다고 낙담도 하지 마시고 담담하게 자신의 역사를 기록해 가세요.

# 개인주의와 이기주의

옛날부터 우리민족은 나 보다는 남을 위하고 주위와 더불어 사는 이타주의를 높이 여겨왔습니다. '널리 인간을 이롭게 하라'는 홍익인간의 이념은 한동안 우리의 최고 이념으로 자리 잡았었지요.

그런데 지금 우리 사회는 크고 작은 '갑질' 행위가 팽배할 정도로 극단적인 이기주의 상태입니다. 역사적으로 보면 일제의 식민통치, 해방 후의 혼란, 그리고 한국전쟁 등으로 사회가 각박해졌고 근대화 과정에서의 무한경쟁은 이기주의를 키워 왔습니다.

많은 사람들은 자신의 이익을 위해 법과 규정을 어기고 공공이익을 해치는 행동을 예사롭게 여깁니다. 그런데 최근 젊은이들 사이에서는 이기주의보다는 개인주의 사고가 높아지고 있는 경향입니다.

개인주의는 국가나 사회보다 개인이 우선한다는 생각이기 때문에 민주적 시민의식과 역행한다고 생각할 수 있으나 사실 개인주의의 본질은, 나의 자유와 권리가 중요하기 때문에 다른 사람의 자유와 권리도 존중해 주는 사고이지요. 오히려 개인주의는 자유주의와 상통할 수 있어 민주적 시민의식에 부합된다고 볼 수 있습니다.

홍익인간까지는 아니어도, 자신의 이익이 중요하기 때문에 다른 사람의 이익도 중요하다는 개인주의적 핵심원리가 작동되기를 기대합니다.

# 미국 정치인들의 연설

미국의 정치인들은 연설을 잘합니다. 핵심은, 많은 사람들이 '공감할 수 있는' 연설을 한다는데 있지요. 뿐만 아니라 철학적 깊이가 있고, 간단명료함으로써 더욱 설득력을 발휘하고 있습니다.

대표적인 연설은 민주주의 교과서에 필수적으로 들어가는 에이브라햄 링컨의 게티즈버그 연설입니다. 2분간의 짧은 연설로 알려진 이 연설은 '국민의 정부, 국민에 의한 정부, 국민을 위한 정부'였습니다.

다음은 존 F. 케네디의 취임연설이지요. 케네디는 여기에서 '국가가 무엇을 해주기를 바라기 전에 여러분이 국가를 위해 무엇을 할 수 있는지를 생각해 보라'는 유명한 연설을 했습니다.

그러나 무엇보다도 오바마의 뛰어난 연설은, 무명이나 다름없었던 그를 미국 최초 흑인 대통령이라는 기적을 만들어 냈습니다. 오바마가 여기저기서 외친 '예, 우리는 할 수 있습니다'라는 단순한 화두는 많은 미국인들을 위로해 주었고, 이에 미국인들은 해낼 수 있다는 확신을 얻을 수 있었습니다.

이렇게, 정치인들의 연설은 국민들에게 어느 때는 민주주의를, 어느 때는 애국심을, 어느 때는 국가에 대한 자부심을 갖게 합니다.

우리는 언제쯤 정치인들의 연설에서 이런 감동을 느낄 수 있을까요?

## 어느 보수적 지성인의 진단

한국의 대표적 보수성향의 어느 지식인은 "보수주의의 핵심은 각자 자기 위치에서 열심히 일하고, 일한 만큼 보상 받고, 공동체를 위해 애쓰며 너무 개인주의로 빠져들지 않는 것입니다. 잘하는 사람에게 수월성의 댓가를 인정해 주면 전체의 몫이 커지죠. 그러면서 못하는 사람을 감싸 안는 겁니다. 우리나라 보수정당은 바로 감싸 안는데서 많이 모자라지요"라고 진단하였습니다. 이 주장은 논리적으로 손색이 없고 '착한' 말입니다.

그분은 '모두의 정당'이기 때문에 어디에든 치우쳐서는 안된다고도 했습니다. 진보정당은 '약자를 위한 정부'를 표방하지만 보수당은 '모든 사람을 아울러야 한다'고 주장하는 것이지요. 그러나 너무 이상적인 말입니다.

과연 모두를 불만 없이 아우를 수 있는 정책이 가능할까요? 보수정책의 핵심인 세금을 줄이면 복지를 줄일 수밖에 없어서 빈부격차를 좁힐 수 없습니다. 진보 정책은 정부가 개입해서 세금을 높여서 사회적 약자들의 삶을 개선시켜 빈부의 정도를 완화시키는 큰 가치는 있지만 증세로 말미암아 기업의 투자의욕을 상실하는 문제점이 있습니다.

그래서 누구도 그 성과를 확신할 수 없고, 다만 덜 나쁜 정책이나 더 좋은 정책이 있을 뿐입니다.

## 나는 국민의 반걸음 앞을 걷는다

김대중 전 대통령은 '나는 국민의 반 걸음 앞을 걷는다'는 유명한 말을 했습니다. 그래서 강상중 도쿄대 명예교수는 김대중 전 대통령의 리더십 핵심은 '반 걸음 리더십'이라고 했지요. 리더가 한 걸음이나 두 걸음, 아니면 그 이상 앞서가야 한다는 상식을 깨고 반 걸음만 앞선다고 했습니다. 아마 국민들의 생각보다 너무 많이 앞서거나 뒤쳐져서도 안 된다는 뜻일 것입니다.

김대중 전 대통령의 '반 걸음' 철학은 국민이 따라오지 않으면 '반 걸음' 물러서서 국민 속으로 들어가 국민이 이해해 줄 때까지 설득하고, 동의를 얻으면 다시 '반 걸음' 앞을 걸어간다는 의미입니다.

그런데 이는 시대상황과 관련이 있겠지요. 사회가 불안하고 '혁명적' 상황이라면 다섯 걸음이 아니라 열 걸음을 앞서가는 리더십이 필요할테니까요. 그러나 안정된 사회에서나 다원화된 사회에서는 국민과의 간격을 많이 벌려서는 안될 것입니다. 국민의 정서와 상식에 맞게, 그러나 그보다 조금 앞서서 방향을 제시하는 것이 필요합니다.

이는 국민의 손을 잡고 함께 하는 일종의 역지사지의 정신이 아닐까요? 우리에게 필요한 리더는 비범한 영웅이 아니라 평범하고 상식적이며 많은 사람이 공감하는 결정을 하는, 그런 사람입니다.

# 다양성과 관용 그리고 경제 발전

금년 4월, 영국 BBC 방송은 각국의 '관용도'를 조사했는데 우리나라는 27개 국가 중 26위로 하위 수준입니다.

오래 전부터 많은 경제학자들은 다양성과 관용이 경제발전에 영향을 미친다고 주장하였고, 특히 최근 토론토대 리처드 플로리다 교수는 창조계급의 부상과 도시발전의 상관관계를 논의하였습니다. 그러면서 플로리다 교수는 창조계급의 구성원들은 기술, 인재, 관용의 요소를 모두 가진 도시에 자신들의 뿌리를 내린다고 하였지요.

이들 창조계급은 자기 자신을 적극적으로 표현하고, 개성을 존중하며, 다양성과 더불어 자신과 타인에 대한 개방적인 태도를 근본적인 가치로 삼고 있기 때문에 하이테크 산업의 성장에 직결됩니다. 그는 다양성이나 관용의 개념을 민족, 인종, 성별, 성적 지향에까지 확대하였습니다.

특히 우리나라는 외국인 투자자, 이주노동자, 국제결혼의 증가로 빠르게 다문화사회가 진행되고 있으며 최근에는 여성 등 사회적 약자와 성소수자의 권리를 존중하는 목소리 또한 높아지고 있습니다.

이렇게 다양성과 관용이 중시되는 것은 서로 다른 사람들이 평화롭게 공존하는 것이 구성원들에게 선택의 폭을 넓혀 줌으로써 경제 발전의 핵심인 혁신의 원천이 되기 때문입니다.

## 나는 만물 가운데 하나일 뿐

'지금 걸려 넘어진 그 자리가 당신의 전환점이다'라는 말에 공감하는 사람들이 많은데 이는 아마도 '삶의 의미를 발견할 수 없다'는 자괴감 때문일 것입니다.

그런데 이에 대해 해답을 준 사람들이 있습니다. 미국 시인 체스와프 미워시와, 이 시에 감탄하여 사유를 더 발전시킨 파커 파머입니다. 미워시의 시는 이렇게 시작되지요.

> '사랑이란 당신 자신을 바라보는 법을 배우는 것
> 멀리 있는 사물들을 바라보듯이
> 당신은 만물 가운데 하나일 뿐이니까'

'만물 가운데 하나일 뿐'이 바로 '삶의 의미'에 대한 답입니다. 파커는, 누가 자신은 특별하고 자신의 인생도 특별한 의미를 지닌다고 생각한다면 그 사람은 '절망 또는 망상 속에서 죽을 것'이라고 했습니다. 미워시는 자신의 시에 인간이 '새와 나무 보다 더 중요하지도 덜 중요하지도 않다'는 것을 이해할 때 평화가 찾아온다고 했습니다.

두 사람으로부터 배운 교훈은 인생을 살면서 '우쭐대지 말고' 항상 자신은 '만물 가운데 하나일 뿐'이라고 중얼거리는 것입니다. 이것은 자존감의 상실이 아니라 '나를 지키고 사랑하는' 자존감의 역설입니다.

## '꿈과 현실 세계는 동일하다'

인간은 죽음을 두려워합니다. 우리가 종교를 갖고, 모차르트가 〈레퀴엠〉을 작곡한 이유도 바로 여기에 있습니다. 그러면서도 프로이트가 말한 것처럼 인간은 무의식 속에서 자신의 불멸성을 확신하고 있는 것 같습니다. 따라서 모든 인간은 언젠가 죽는다는 것과 인생이 무상하다는 것을 깨닫는 것은 너무도 당연하지만 어려운 일이기도 합니다.

그런데 죽는다는 것은 '나'라는 개체가 소멸한다는 것 보다는 관계가 끊어진다는 것에 더 큰 의미와 슬픔이 있습니다. 그러나 역설적으로 죽음을 통해 나와 다른 사람이 어떤 관계를 맺고 어떤 의미를 갖는지를 알 수 있지요. 한때는 자신이 세상의 주인공이라 생각하지만 시간이 지나면서 세상이 더 이상 나를 필요로 하지 않고 그저 버려진 가구처럼 방치됨을 느끼게 됩니다. 그래서 꽃피는 시간은 잠깐이고 하나하나 잃어가는 시간은 오래 걸린다는 점을 인식하는 것이 필요합니다.

이와 관련, 베스트셀러 작가인 채사장은 '꿈과 현실이라는 두 가지 세계는 동일하다'고 얘기합니다. 꿈속에서 마음 썼던 감정들이 깨어남과 동시에 아무것도 아닌 것처럼, 현실에서 집착했던 일들도 죽음과 동시에 아무것도 아니게 됩니다. 그래서 인생을 일장춘몽이라고 했던가요.

## 욕망, 사라진 별에 대한 그리움

흔히들 '욕망'은 억누르고 감춰야 할 것으로 여기고 있습니다. 그러나 어느 법학자는 '욕망해도 괜찮다'고 하면서 오히려 한 발짝 선을 넘으면 인생은 즐거워진다고까지 주장합니다. 그래서 욕망은 억제의 대상이 아니라 건강하게 표출해야 할 삶의 친구라고 했지요.

그러나 존 스튜어트 밀은, 자신은 '욕망을 충족시키는 시도를 하기 보다는 욕망을 통제함으로써 행복을 추구하는 법을 터득해 왔다'고 했습니다. 그렇지만 많은 학자들은 밀과 같은 금욕적인 것을 부정하면서 모든 인간 행동은 욕망에 의해 유발된다는 주장을 합니다. 그런데 욕망은 결코 완전히 충족될 수도 없고 억압하더라도 지속되기 힘듭니다. 따라서 프랑스 정신분석학자 자크 라캉은 욕망의 실현은 '충만에 있는 게 아니라 욕망 그 자체의 재생산에 존재한다'고 주장하여 보다 중립적인 설명을 했습니다.

그러나 욕망이라는 어원을 살펴보면 참 재미있습니다. 욕망(desire)은 '별이 사라진 것을 아쉬워하다(desiderare)' 라는 뜻이라고 하지요. 사라진 별에 대한 그리움, 상실한 것에 대한 향수… 얼마나 낭만적인 표현인가요. 이런 좋은 단어를 인간 스스로 오염시킨 것이 아닌가 하는 생각이 듭니다.

# 권위는 특권에서 나오지 않는다

최근 송영무 국방부 장관은 간부식당 폐지를 지시했습니다. 따라서 대장부터 사병에 이르기까지 같은 식당에서 식사를 하게 되었지요. 국방부에서 시작을 했으니 예하 부대에서도 장군과 사병이 같은 식당에서 식사를 할 것 같습니다.

예로부터 양반은 상민과 함께 식사를 하지 않는 전통을 가진 우리나라에서, 더욱이 계급서열이 엄격한 군대에서 행한 이번 조치는 획기적인 일이 아닐 수 없습니다.

이런 서열파괴의 사례는 기업에서도 찾아볼 수 있습니다. 세계적인 가구 기업인 '이케아'는 지위와 관련된 모든 상징을 없애기 위한 조치의 하나로 CEO부터 관리자, 일반 직원들이 같은 식당에서 함께 식사를 한다고 합니다. 이렇게 '권력 격차'를 줄이는 것은 역설적으로 리더십을 강화하는 것으로 연결될 수도 있습니다.

미국 해병대의 조지 플린 중장은 해병대의 리더십을 설명하면서 미 해병대원들은 식당에서 최하급자가 가장 먼저, 최상급자가 가장 나중에 배식을 받는다고 설명을 합니다.

자신의 필요보다 기꺼이 타인의 필요를 우선할 수 있는 마음가짐이야 말로 리더십에 따르는 진정한 의무가 되겠지요.

이번 조치가 우리 사회 각 분야에 확산되었으면 합니다. 진정한 권위는 특권에서 나오지 않기 때문입니다.

# 연봉 243억 원

모 기업 회장은 작년 한 해 243억 원의 연봉을 받았습니다. 매일 6,679만원씩 벌어들인 셈이지요. 대기업 대표 중에서 연봉을 제일 많이 받는 분은 152억, 다음은 109억이며, 대부분 수십억의 연봉을 받고 있다고 합니다.

이에 비해 미국의 부자들은 전혀 다른 행태를 보이지요. 빌 게이츠는 현재 회장직에서 물러났기 때문에 연봉은 없고 워런 버핏은 직원 평균 연봉보다 1.8배 많은 10만 달러(한화 약 1억 6백만 원)을 받고 있으나 그가 개인적 용무의 우편이나 전화 이용료 등을 회사에 돌려주고 있어 실제로 받는 연봉은 직원들의 평균보다도 더 적다고 합니다.

그러면서도 이들은 전 재산의 80% 이상을 사회에 환원하기로 발표했고, 매년 지속적으로 기부 활동을 실천하지요.

우리는 지난해 6,470원이던 최저임금이 올해 16.4% 올라 7,535원이 되었지요. 그런데 이에 가장 저항하는 세력은 바로 부자들과 고소득자들입니다. 그러나 그들은 뒤에 숨어 있고 을과 을의 싸움으로 변질되고 있습니다.

최저임금을 받는 분들은 하루 10시간을 일해도 7만 5천원을 받습니다. 매일 6,679만원을 받는 분의 890분의 1이지요. 대기업이나 고소득자들의 양보 없이 낮은 자들의 삶이 개선될까요?

## 법정 스님과 이해인 수녀님

법정 스님과 이해인 수녀님이 나눈 존경과 사랑의 이야기는 아름답습니다. 두 분을 통하여 우리는 삶의 본질에 대한 많은 깨달음을 얻을 수 있지요.

이해인 수녀님은 세상에는 악한 자나 교만한 자들이 더 잘 사는 것 같지만 결국은 어떤 모양으로든 선이 승리하는 세상을 믿어야 한다고 했습니다.

생전의 법정 스님의 '오두막 편지'는 부드러운 음성이지만 엄하게 건네는 어른의 꾸짖음이었지요. '만남'에 대한 그분의 생각이 담겨 있는 그 편지에 친구 사이의 만남에는 서로 영혼의 메아리를 주고받을 수 있어야 한다고 쓰셨습니다. 멀리 떨어져 있으면서도 그 마음의 그림자처럼 함께 할 수 있는 그런 사이가 좋은 친구라고 했습니다. 이런 만남에는 그리움이 따라야 합니다. 그리움이 따르지 않는 만남은 이내 시들해지니까요.

법정 스님은 수녀님께 '가진 것 다 털어버리고 난 후의 홀가분함 같은 걸 느낄 수 있다'면서 '없는 듯이 묻혀서 속 뜰이나 가꾼다'고 하셨고, 이해인 수녀님은 스님을 위한 추도시에서 '탐욕으로 가득 찬 세상을 정화시키려 활활 타는 불길 속으로 들어가셨음'을 슬퍼했습니다.

'청정한 삶'을 가꾸라는 두 분의 '재촉'과 '당부'는 항상 귓전을 맴돌고 있습니다.

## 오바마의 언품(言品)

미국 대통령 버락 오바마는 임기말에도 57%의 지지율을 기록하여 언론들은 '행복한 임기말'이라고 보도하였습니다.

오바마의 리더십에는 많은 장점이 있지만 상대의 발언을 존중하는 포용력이 그 중 으뜸일 것입니다. 오바마가 이민개혁법 통과를 촉구하는 연설을 하던 중 갑자기 동양인 청년 한 명이 뛰어나와 "이민자 추방 중단! 중단!" 이라고 소리를 질러 경호원들의 제지를 받았는데, 이때 오바마는 청년을 가리키며 "괜찮아요. 놔둬요. 나는 저 청년이 자신의 가족을 생각하는 마음을 존중합니다." 라고 말하면서 현장을 수습하였습니다. 민주주의를 위해서는 급할수록 돌아가야 한다는 것이 평소 오바마의 생각이었는데, 이를 두고 어느 한 신문은 '상대의 의견에 동의하지 않더라도 상대의 발언권을 존중하는 태도야 말로 오바마가 지닌 리더십의 원천'이라고 보도한 바 있습니다.

오바마를 통하여 '언품(言品)'을 느낄 수 있는데, 이 언품은 '대화를 이끄는 힘'입니다. 〈언품〉이라는 책을 쓴 이기주씨는 언품에 진심이 더해지면 그 위력은 배가 된다고 하였지요. 진심이 더해진 오바마의 언품이 바로 그의 리더십입니다.

## 사랑, 고통을 함께 나누어지는 것

프랑스 국민들이 가장 사랑하는 인물은 엠마우스 공동체를 설립하여 빈민 돕기 운동을 벌인 아베 피에르 신부라고 합니다. 그에게는 유명한 에피소드가 있지요. 산책을 하고 있던 피에르 신부는 목을 매어 자살을 하려는 어느 목수를 만납니다.

신부는 그 사람에게 '죽는 것은 좋지만, 그 전에 나와 함께 집 없는 사람들에게 집이나 만들어 주고 나서 죽으라'고 말합니다.

목수는 자기보다 더 비참한 상태에 있는 이들을 도와 고통을 나누어 짊으로써 스스로 삶의 의미를 발견하게 되고, 마침내 자살을 포기하고 자립을 할 수 있었다는 이야기입니다.

인간의 마음은 빛과 그림자로 짜여져 있어 영웅적인 행동을 할 수도 있고 지극히 비겁한 행동도 할 수 있습니다. 그 목수가 늦게 깨달은 것은 '사랑한다는 것은 고통을 함께 나누어 짊어진다'는 것이었습니다.

빈민들의 실상을 모른 체하는 무관심은 일종의 범죄입니다. '빈민을 선동하는 빨갱이 사제'라는 비판을 받을 때 피에르 신부는 '사람들은 나를 좌파라고 하지만, 나는 좌파니, 우파니 하는 것을 모르고 다만 나에게 가장 중요한 것이 무엇인지는 안다'고 했는데, 그 중요한 것은 바로 빈민의 고통을 함께 나누어 지는 것이었습니다.

# 기업 오너들의 매너

얼마 전 미국 컬럼비아대 MBA과정에서 CEO들을 상대로 '당신이 성공하는데 가장 크게 영향을 준 요인이 무엇이냐'는 설문조사를 한 적이 있습니다. 우리 같았으면 능력, 기회 또는 운이라고 답을 했을 것인데, 그 곳 CEO의 93%가 '매너'라고 답변했다고 합니다.

학자들은 매너를 '삶을 멋지고 성공적으로 영유할 줄 아는 방법'이라고 정의합니다. 따라서 성공 비결이 좋은 인간관계라고 한다면 CEO의 성공에 매너가 크게 작용한다는 것은 우연이 아닙니다.

좋은 매너는 공감과 신뢰를 불러일으키고 때로는 감동을 줄 수도 있습니다. 매너는 소통의 가장 필요한 도구이며 상대에게 나를 보여주는 방법입니다. 매너의 기본은 상대의 입장에서 문제를 보는 '역지사지'가 아닌가 생각합니다.

최근 어느 대기업의 오너 가족들이 상식적으로 이해할 수 없는 갑질의 행태를 보여줘 우리 모두를 분노하게 만들었습니다. 그동안 그들은 매너가 없어도 '권력'으로 구성원들을 제압했지요.

오너들의 갑질이 어디 그 기업 뿐이겠습니까? 이제는 용납해줘서는 안됩니다. 기업의 오너는 직원들을 대할 때 부모의 마음과 같아야 합니다. 그들 모두는 누군가의 아들이고 딸이기 때문입니다.

# 미래는 오늘 써지는 것이다

우리나라에도 많이 알려진 〈개미〉의 작가인 프랑스 소설가 베르나르 베르베르는 일곱 살 때부터 단편 소설을 쓰기 시작한 타고난 글쟁이입니다. 그는 "미래는 오늘 써지는 것이다. 지금 우리가 누리고 있는 모든 좋은 것들은 과거에 생각하거나 꿈꿨던 것들이다"라는 유명한 얘기를 했습니다.

미래는 가능성과 꿈을 상징하기도 하지만 미래는 따로 있는 것이 아니라 오늘을 변화시킴으로써 창조되는 결과입니다. 따라서 우리는 지금 이 시간, 무엇을 해야 하는가, 무엇을 할 수 있는가를 충분히 생각하고 실천하는 것이 무엇보다 중요합니다.

한편 많은 사람들은 자신의 행복은 오직 미래에 있다고 생각합니다. 이것은 잘못된 생각이지요. 왜냐하면 어제는 이미 지났고, 내일은 미스터리이며, 오늘만이 선물이기 때문입니다.

그래서 '현재'와 '선물'은 영어로 present라는 같은 단어일 것입니다. 누구나 현재 열정을 가지고 최선을 다 한다면 자신이 세운 목표를 충분히 달성할 수 있다는 점에서 베르나르 베르베르가 말한 것처럼 미래는 오늘 써지는 것입니다.

그래서 불확실한 미래일지라도 오늘 긍정적으로 생각하고, 자신감을 가지고 뚜벅뚜벅 걸어간다면 원하는 밝은 목적지에 도달할 것입니다.

# 일하고, 놀고, 사랑하고, 나눕시다

오늘은 〈아침단상〉이 500회째 되는 날입니다.

500이라는 숫자는 참 깔끔하고 예쁩니다. 어떤 글을 보니까 500일이면 하루 세끼 기준으로 1,500끼니를 먹는다고 했습니다. 1,500끼니를 먹는 동안 가족과 함께하는 시간이 가장 많겠지만, 가족 외에 다양한 사람들과도 같이하게 되겠지요. 시간으로 환산하면 아마 1,200시간쯤을 함께 하는 것입니다.

몇 년 전 인텔이 캘리포니아 팜 스프링스에 500대의 드론을 띄워 밤하늘을 멋지게 장식하여 크게 화제가 되었고 기네스 기록에 오르기도 했습니다.

〈중도일보〉 독자들과 500번 만났다는 사실도 설레는 일입니다.

500회가 지나면서 돌아보니 〈아침단상〉이 제게는 독자와 함께 공감하고 위로 받았던 따스한 만남이었습니다. 독자들에게도 조금은 따스한 만남이 되었기를 조심스레 소망해 봅니다.

500회를 맞아 독자들에게 덕담을 하나 드릴까 합니다.

긍정심리학자들은 인생을 잘 사는 사람들의 비결로 '일하고, 놀고, 사랑하고, 나눠라'라고 했습니다.

일은 화려함 보다 하고 싶은 일을 해야 하고, 잘 하는 일을 선택해야 합니다.

놀 때는 인간적 감정을 감추지 말고 자연스럽게 드러내야 합니다.

한 번도 상처 받지 않은 것처럼 사랑을 해야 합니다.

자기가 가진 것을 나누지 않는다면 모두를 잃어버리는 것입니다.

'일하고, 놀고, 사랑하고, 나눕시다'

글쓴이 **염홍철(廉弘喆)**은 경희대, 연세대, 중앙대에서
학사, 석사, 정치학 박사를 받았고,
다년간 경남대와 북한대학원 교수로 연구 활동을 했으며,
한밭대학교 총장을 역임했습니다.

청와대 정무비서관을 시작으로 공직생활을 했으며
세 차례의 대전광역시장을 역임하고
2014년 공직에서 물러난 뒤,
서울대 초빙교수, 배재대, 한밭대 석좌교수,
그리고 지금은 한남대 석좌교수로
학생들을 가르치고 있습니다.

시단에 등단하여 〈한걸음 또 한걸음〉이라는 시집을 냈고,
1980년대 베스트셀러였던
〈제3세계와 종속이론〉을 비롯한 다수의 학술 서적과
〈천천히, 천천히 걷는다〉 등 다수의 수필집을 펴냈습니다.
E-mail yum-hc@hanmail.net

염홍철의
생각+ 더하기

2018년 10월 26일 인쇄
2018년 11월 5일 발행

저 자 **염 홍 철**
발행자 **성 정 화**
발행처 **도서출판 이화**
대전광역시 중구 대종로505번길 54
장현빌딩 2층
TEL. 042-255-9708
FAX. 042-255-9709

ISBN 978-89-6439-150-1 03070

**값 15,000원**

이 책은 중도일보에 연재되었던 〈아침단상〉을 재편집하여 발간하였습니다.